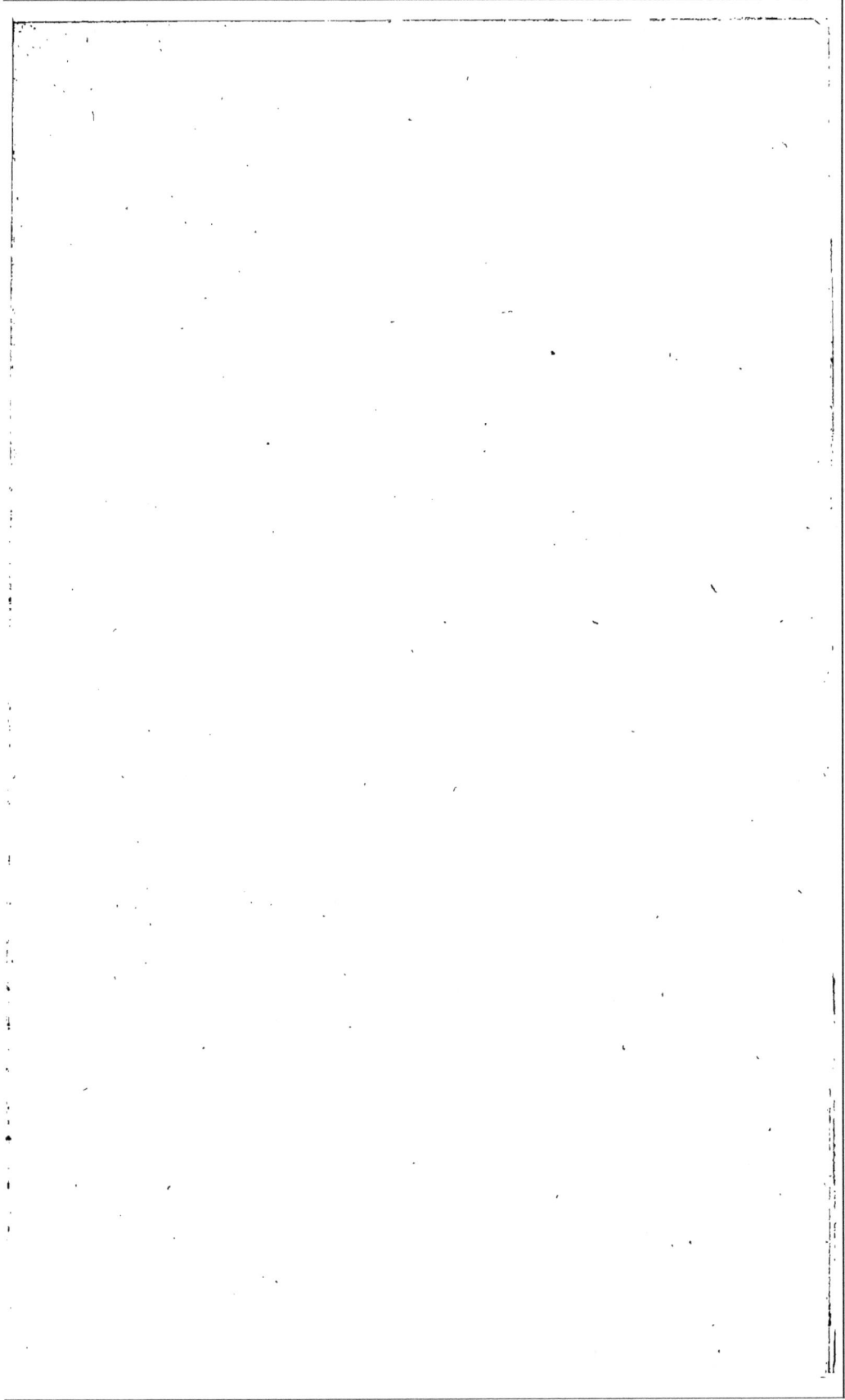

DES MŒURS

ET DE

LEUR INFLUENCE

SUR LA PROSPÉRITÉ

OU LA DÉCADENCE

DES EMPIRES;

Discours pour la Cérémonie de l'Ouverture des Etats-Généraux de Languedoc.

OUVRAGES DU MÊME AUTEUR:

Œuvres de Milord Hamilton, Ministre du Roi d'Angleterre à Naples, commentées par M. l'Abbé SOULAVIE, 1 vol. in-8°. fig. *Paris*, chez MOUTARD.

Il reste en propriété à M. BELIN, rue Saint Jacques, quelques exemplaires complets de l'Histoire Naturelle de la France méridionale, cinq volumes de Minéraux, avec un Tome premier des Végétaux, in-8°. avec des cartes & figures.

DES MŒURS

ET DE LEUR INFLUENCE

SUR LA PROSPÉRITÉ

OU LA DÉCADENCE

DES EMPIRES;

Discours pour la Cérémonie de l'Ouverture des Etats-Généraux de Languedoc :

PAR M. l'Abbé SOULAVIE, Correspondant de l'Académie Royale des Inscriptions & Belles-Lettres de Paris; des Académies de la Rochelle , Dijon , Pau , Nîmes , & autres d'Allemagne & d'Italie.

Stemus super vias antiquas , atque circumspiciamus quæ
sit via bona & recta , & ambulemus in ea. SAP.

A PARIS,

Chez { QUILLAU, Libraire, rue Christine;
MERIGOT, l'aîné, Libraire, vis-à-vis de la nouvelle Salle de l'Opéra;
MERIGOT, jeune, Libraire, quai des Augustins ;
BELIN, Libraire, rue S. Jacques.

M. DCC. LXXXIV.
Avec Approbation & Permission.

A MONSEIGNEUR

LE BARON DE BRETEUIL,

MINISTRE

ET SECRETAIRE D'ÉTAT,

CHEVALIER DES ORDRES DU ROI , &c.

MONSEIGNEUR,

L'Ouvrage que j'ai l'honneur de vous adreſſer, eſt la deſcription de la proſpérité & de la ruine des Empires : les Miniſtres, MONSEIGNEUR, & les Grands en furent toujours les premiers agents. La providence les a établis pour maintenir la gloire des Nations vertueuſes, & ramener par l'exemple & les loix, celles que l'erreur & le vice ont avilies.

Ces vérités, MONSEIGNEUR, font la base de ce Discours, dont l'hommage est bien dû à Votre Grandeur. Préparé par une grande variété d'observations & par de longues études, au rang que vous occupez, digne par les vertus du cœur, de la confiance d'un grand Roi; ces qualités, MONSEIGNEUR, vous attacheront tous les Citoyens François, si dignes de semblables Ministres.

Je suis, avec un profond respect,

MONSEIGNEUR,

Votre très-humble & très-
obéissant serviteur,
l'Abbé SOULAVIE.

AVERTISSEMENT.

Les Etats-Généraux de Languedoc s'assemblent tous les ans à Montpellier, pour traiter des affaires politiques de la Province ; ils sont composés de six Commissaires du Roi, de trois Archevêques, de vingt Evêques, de vingt—trois Barons & de soixante—huit Représentants du Peuple.

C'est à cette auguste Assemblée qu'un Orateur chrétien porte la parole tous les ans, le jour de la cérémonie de l'ouverture ; il choisit un sujet religieux & politique, relatif à la circonstance, & parle à des Citoyens à qui le Souve—

6 AVERTISSEMENT.

rain a donné la liberté de traiter
par voie de suffrage des affaires
populaires: il peut donc présenter
les intérêts de la Religion, de la
Patrie & des Mœurs, avec cette
liberté & ce zèle qui animoient les
anciens Orateurs, qui parloient
au Peuple le langage de la Religion & du Patriotisme.

Me conformant à l'usage reçu,
j'ai choisi un sujet religieux &
politique ; mais je ne puis me
flatter de déployer ici les charmes
d'une éloquence que je n'ai pu cultiver. Je n'ai annoncé la parole de
Dieu, autrefois dans nos campagnes du Vivarais, qu'avec cette
simplicité qui convenoit aux circonf-

tances ; j'ai été occupé depuis ce temps-là de recherches physiques, & ce discours n'a été composé qu'en voyageant, & parmi de simples cultivateurs, comme on le jugera par les descriptions que j'ai dû faire des Mœurs & usages de cette partie respectable des Citoyens françois.

Je dois déclarer que je n'ai pu désigner aucun des États modernes dans ma description des périodes de gloire & de décadence des Empires. Ce n'est ici ni la satyre du siècle, ni celle des Peuples de l'Europe : j'ai voulu exposer seulement la marche générale des Nations, conduite par les Mœurs

vers la prospérité ou la ruine. J'aime
& je respecte ma Patrie ; c'est
l'Empire le plus heureux & le plus
florissant de ceux qui existent dans
ce moment sur la terre.

DISCOURS

SUR

LES MŒURS.

> *Juſtitia elevat Gentem, miſeros autem facit Populos peccatum.* La juſtice fait proſpérer les Nations, mais le péché rend les Peuples miſérables. PROV. ch. IV.

MESSEIGNEURS,

Sɪ le Chriſtianiſme & l'Empire préſentent quelque ſpectacle impoſant & capable d'émouvoir le Fidèle & le Citoyen, c'eſt cette auguſte Aſſemblée où les Miniſtres de la Religion, l'Envoyé d'un grand

A

Roi, les Puiſſans de la Nation, & les Repréſentans du Peuple ſont réunis pour traiter des intérêts du Monarque, du ſalut de ſon Peuple, & de la proſpérité de nos campagnes, s'humiliant devant Jeſus-Chriſt, adorant ſa divinité inviſible à nos yeux, confondant, par cet acte public, la ſageſſe du ſiècle, & ſe préparant à de grandes affaires par la priere & par des exercices édifians.

Choiſi pour annoncer la parole à cette Aſſemblée chrétienne & politique, tous ces objets ſemblent me preſcrire de conſidérer le principe du bonheur & des calamités des peuples; non cette proſpérité ou ces malheurs paſſagers de nos campagnes, qui vont devenir l'objet de vos travaux, mais cette véritable félicité des Empires, fondée ſur les bonnes mœurs & la vertu: *Juſtitia elevat Gentem*; & la ruine des Peuples, occaſionnée par la dépravation & l'erreur : *miseros autem facit Populos peccatum.*

Les bonnes mœurs sont le fondement de la gloire & de la prospérité des Empires : c'est l'objet de la première partie. Quels remèdes ordonne une politique chrétienne contre leur dépravation : c'est l'objet de la seconde.

PREMIERE PARTIE.

LES Puissances qui ont dominé sur la terre, se présentent sous trois aspects principaux : elles ont été commerçantes, agricoles, ou conquérantes ; or je dis qu'elles ont prospéré, quand elles ont été douées de bonnes mœurs, & que la corruption les a jetées dans le néant Examinons ces trois caractères des Empires : une vie agricole & pastorale distingue l'Egypte, le Peuple Juif, & la Grèce ; recon-

noiſſons quelle étoit la gloire primitive de ces Nations, quand la vertu
les animoit ; leurs humiliations ,
lorſque les mœurs dégénérèrent ;
& leur anéantiſſement , quand elles
eurent perdu leurs principes. *Mi-*
ſeros autem facit Populos peccatum.

§. I.... Les Nations agricoles
offrent au commencement , des
mœurs ſimples & auſtères ; la crainte
de la Divinité eſt le principe de leur
ſageſſe. *Initium ſapientiæ timor*
Domini. La Religion eſt alors reſpectée dans l'Etat ; le luxe dans le
domeſtique & dans les monumens
publics , eſt mépriſé.

Tel étoit le caractère des Egyptiens. Quelques Rois Paſteurs firent
d'abord le bonheur de la Nation ;
ils inſpiroient à leurs Sujets des
ſentimens élevés , & des principes
de vertu. Moïſe y fut inſtruit dans
les Sciences, & s'y prépara à devenir
puiſſant en paroles & en œuvres.

Dans ces âges vertueux, je vois Séfoftris foumettre l'Orient, couvrir les mers de fes Flottes, humilier Jérufalem, qui avoit oublié Dieu, châtier Roboam corrupteur de fa Nation, polir les Peuples conquis, creufer des canaux & des lacs, élever cent Temples aux Dieux de l'Etat, & perfuader que l'Egypte eft le féjour & la patrie des Dieux. Mais une affreufe mifère fuit bientôt cet âge glorieux : des Rois faftueux & corrompus fuccèdent à des Rois Pafteurs ; alors on n'élève plus des monumens à l'utilité publique ; le peuple n'eft plus aimé des Monarques Egyptiens ; on le preffe, on le foule, on l'accable de corvées & d'impôts pour conftruire de folles pyramides, des labyrinthes, des obélifques, & tous les monumens des Peuples dégénérés.

A cette dépravation fe joint l'athéifme deftructeur, qui précède

toujours la diffolution des Empires.
Un Tyran ordonne de fermer les
Temples, & défend d'adorer l'Etre-
Suprême ; il permet que fa fille fe
proſtitue pour conſtruire une pyra-
mide. L'Egypte dépravée perd alors
fa force primitive & fes vertus.
Non elevabitur ultrà, dit Ezéchiel
(Ex. 29.) Alors elle eſt conquife
par l'Ethiopien , humiliée par l'in-
fenfé Nabuchonofor, & défolée par
des ufurpateurs du Trône. Dépour-
vue de ces principes de vertu qui
font le foutien des Rois, qui forment
les Héros & les vengeurs de la
Patrie, la Nation fuccombe enfin
fous le fer d'un ennemi puiſſant,
appellé par le libertinage particulier
des Femmes Egyptiennes. *Mittam
omnes plagas fuper cor tuum, & vide
quia malum & amarum eſt reliquiſſe
te Dominum* (Ex. 2. 19.) Quelques
Monarques vertueux femblent re-
lever pour un temps la Nation de

fon ignominie, tant eft puiffante la fageffe d'un bon Roi; mais le vice avoit jeté des racines trop profondes dans le cœur des Egyptiens; le Prophete avoit dit : *non elevabitur ultrà* ; & l'Egypte expirante fous les coups de la dépravation, n'offre plus qu'une fuite de toutes fortes de vices. *Inter cætera regna erit humillima* (Ex. 19.)

Le Peuple Juif lui-même étoit au commencement fans loi écrite & fans armes ; mais il étoit enfant d'Abraham, héritier de fa foi, & ne connoiffoit que les mœurs fimples des Patriarches ; il put alors marcher, en conquérant, vers la terre promife, braver le defpotifme des Egyptiens, humilier les Amalécites & les Amorrhéens, enchaîner les Madianites, & détruire les Peuples abominables qui fouilloient les poffeffions d'Abraham ; mais quand Ifraël eut opéré l'iniquité & adoré

16 *Difcours fur les Mœurs.*

des Divinités étrangères ; quand Salomon eut introduit dans l'Etat des Architectes, des Ouvriers en or & en pierreries, lorfqu'il eut fcandalifé la Nation par un monftrueux concubinage, & quand il fallut aux Juifs des palais fomptueux & des monumens, la vertu primitive difparut : *peccatum, peccavit Ifrael* (Jer. lam.) La vie paftorale, autrefois les délices & la gloire des Patriarches, fut avilie, le Royaume fut divifé, les plaifirs champêtres furent changés en une affreufe captivité, & vous connoiffez les dernières calamités d'Ifraël fous Titus. *Ah! fi tu fçavois, Jérufalem,* dit J.-Ch., *ce qui pourroit te donner la paix; mais ton crime t'a frappé d'aveuglement, & tes ennemis ne laifferont point une pierre fur l'autre dans tes édifices* (Luc. 19.)

La Grèce, autre puiffance agricole, n'offre au commencement

que des Citoyens endurcis au travail par des exercices militaires ou champêtres ; des Rois populaires infpiroient une vertu mâle & guerrière ; on croyoit que les Dieux préfidoient dans l'Aréopage ; une foule de Sages s'élève alors du fein de la Nation ; le vrai Dieu eft adoré, on lui dreffe des autels, IGNOTO DEO. Dans les fêtes publiques, on ne s'occupoit que d'exercices innocens ; on ne connoiffoit point encore ces danfes lubriques qui décèlent des Citoyens efféminés, ni ces Théâtres dépravés, qui mettent en jeu les paffions ; toutes les reffources d'une politique luxurieufe, qui gouverne des Peuples dégradés, étoient inconnues dans la Grèce primitive ; la mufique nationale étoit grave & fonore, & cette éloquence trompeufe, qui n'eft que l'ouvrage & l'inftrument des paffions, étoit bannie des comices ;

une langue harmonieufe n'exprimoit
encore que les fentimens de la vertu ;
un Poëte licentieux , un Muficien
efféminé étoient éloignés comme
des corrupteurs publics ; & la politique n'avoit encore que des principes
ftables. La Grèce s'éleva alors dans
fes projets jufqu'aux plans les plus fublimes , & dans les Arts jufqu'aux
plus belles formes ; mais la mobilité
de caractère , qui eft le propre des
peuples enivrés de plaifirs , fuivit de
près la conftance primitive de fon caractère. A l'amour du grand & du
beau fuccéda l'amour de la volupté ;
des guerres civiles perdent la nation ;
& l'ambitieufe Rome s'empare de
la Grèce. *Adducam fuper te alienos
robuftiffimos gentium*, dit Ezéchiel,
& polluent decorem tuum.

§. II... Parmi les Nations commerçantes , je diftingue d'abord la
Phénicie : c'eft le premier Empire
qui exécute des projets de navigation

les plus importans. Simples & vertueux, au commencement, capables
par conféquent de grandes entre-
prifes, de fimples Pêcheurs deviennent des Négocians, & des Rois
Pafteurs fe préparent à des conquêtes ; les Phéniciens connoiffent
bientôt toutes les Mers , ils arrivent
jufques à Tharfis & Ophir , ils
envoient de tous côtés de puiffan-
tes Colonies , deviennent les pères
de plufieurs Peuples , reconnoiffent
un Dieu vengeur du crime , &
rémunérateur de la vertu , & Salomon, qui l'emportoit en fageffe fur
tous les Rois de la terre , reçoit un
défi d'un Philofophe Tyrien.

Mais quand la Phénicie , trop
enrichie par fon commerce , eut
perdu fes mœurs , quand les richeffes
de tous les pays eurent introduit le
luxe & les vices de toutes les Nations,
abandonnée à fon fens réprouvé,
elle tomba vers fa décadence ; à un

commerce équitable fuccédèrent des rapines & des brigandages ; des Pyrates furent fubftitués à des Négocians ; la croyance d'un Dieu tout-puiffant s'affoiblit ; des vices nouveaux multiplièrent les Divinités ; & la Phénicie adora le foleil. Des ufurpateurs précipitent du Trône , le Souverain ; il n'eft plus de braves guerriers pour la défenfe de la patrie. Ezéchiel menace en vain Tyr & Sidon. *Divitiæ tuæ.... nautæ.... viriquoque bellatores cadent in corde maris in die ruinæ tuæ* (Ezech. 27. 27.) Ces Villes fuperbes font renverfées par un ennemi puiffant , & la Famille Royale eft difperfée. Ainfi périt la Phénicie commerçante , fondée par des Pêcheurs , enrichie par des Négocians , avilie par des Pyrates , & châtiée enfin par la Juftice fuprême. *Diffipabitur Tyrus & Sidon cum omnibus auxiliis fuis.* (Ezech. ibid. 47. 4.)

Des mœurs auſtères, un commerçe innocent donnent à Carthage de la puiſſance, des richeſſes & de la célébrité; mais quand un luxe vicieux ſe fut introduit dans la République, alors cette ville dépravée demanda le thim & les aromates de l'Egypte; elle fit venir tous les parfums de l'Orient; ſon faſte introduiſit l'or & les perles de la mer rouge; Carthage perdit alors ſa vertu primitive; la bonne foi fut bannie de ſon commerce, ſes voiſins s'indignèrent contre la fourberie de ſon caractère, *fides punica.* Toute occupée elle-même de fêtes & de plaiſirs, dégradée & affoiblie par ſes vices, abandonnant ſa défenſe à des étrangers, trois guerres célèbres préparent ſa ruine; Rome ſe plaît à l'accabler d'opprobres, dans ſon état de foibleſſe & d'humiliation; les Prêtres, les femmes & les vieillards implorent en vain la clémence du vainqueur ; en vain ils demandent miséricorde, l'implacable Rome commande que Chartage soit détruite, que le Peuple soit dispersé, que ses archives soient réduites en cendres, & que sa rivale rentre dans le néant.

§. III... Mais si la Providence prononce des arrêts irrévocables de destruction, contre les Empires agricoles & commerçans dégénérés, elle punit encore avec éclat, & même avec une humiliation particulière, les Peuples conquérans, lorsque leurs mœurs sont dépravées, & que le vice a succédé à la bravoure & à l'honneur.

Dans ces Nations belliqueuses, la prudence s'éloigne d'abord du Conseil des Souverains & des Généraux ; on tolère de petits abus qui se changent en de grands maux ; les Puissans du siècle, colonnes de la Monarchie, perdent leur affection

pour le Souverain ; il ne reste plus
de célérité pour obéir aux loix, ni
de vigueur dans le commandement,
ni d'énergie pour réprimer les sédi-
tions populaires ; le caractère des
Citoyens devient craintif & pusilla-
nime ; on sacrifie les intérêts du
Prince, parce que l'honneur n'est
plus le mobile des Grands ; le Dieu
des armées s'éloigne alors de ces
Nations ; il n'est plus de Juda-Machabée qui se dévoue à la mort pour
le salut de sa patrie ; la guerre n'est
plus un état d'honneur, mais un mé-
tier d'ambition & d'avarice ; les Généraux n'ont plus d'élévation dans le
caractère ni dans leurs plans. *Ine-*
briabo ... duces ejus... & dormient
somnum sempiternum. VAINCRE
OU MOURIR est le sentiment d'une
armée généreuse, & ce cri de guerre
n'est point connu dans les Monarchies dépravées ; un luxe efféminé
s'introduit dans les camps ; on

préfère les récompenses pécuniaires
aux honneurs ; les lauriers & les pal-
mes de Rome vertueuse font trop
simples, il faut les dépouilles de l'ennemi, les inscriptions fastueuses & les
arcs de triomphe de Rome corrom-
pue ; des intérêts particuliers occa-
sionnent de grandes désobéissances ;
les plans d'un Général font manqués
& quelquefois l'ivresse & la fureur
du plaisir frappent d'aveuglement
cet Holopherne, qui tenoit dans
ses mains la destinée d'un Empire.
Voilà où aboutissent les vices des
Etats militaires ; considérez la première Monarchie des Assyriens,
que les infamies de plusieurs Sardanapales jettent dans le néant. Voyez
Babylone vertueuse & conquérante ;
elle est réduite à l'esclavage, quand
elle s'abandonne à cet état de prosti-
tution décrit par l'Esprit-Saint. *Sub-
mergetur Babylon, & non consurget.*
(Jer. 51. 64.)

Rome

Rome elle - même , dont les mœurs ont toujours influé à fa gloire & à fes ignominies ; Rome qui a englouti dans fon fein tant de Peuples , fut foumife aux mêmes révolutions. Le vertueux Numa lui avoit infpiré le refpect pour les Dieux , & ces mœurs fimples & auftères qui préparent les Peuples nouveaux à de grandes chofes. Dès-lors , toujours patiente & courageufe , elle augmenta infenfiblement fon petit territoire & fe prépara de loin à la conquête du monde. Sa politique n'étoit encore ni verfatile , ni rufée , ni rampante, comme celle des Peuples foibles & fans caractère. Dans fes beaux jours , Rome dédaignoit toutes les reffources d'une morale perverfe.

Voyez les Conquérants du monde , commandés par des Sénateurs d'un extérieur fimple & qui ne dé-

ploient l'éclat de leurs dignités
que dans les affemblées publiques ;
confidérez de généreux Militaires
qui paffent du commandement
d'une armée victorieufe au ménage
des champs, qui verfent dans le
tréfor public l'or des Peuples affer-
vis, fans toucher aux dépouilles
de l'ennemi vaincu. Une couronne
de lauriers peut contenter des Généraux, qui ne voient à Rome
qu'un Capitole, des aqueducs,
des Temples & des bains ; mais
tout eft perdu, quand la fouveraine
du monde admet dans fon fein les
Dieux de toutes les Nations & les
coutumes voluptueufes de l'Orient.
La Secte d'Epicure corrompt l'efprit & le cœur des Romains, l'opulence anéantit l'égalité républicaine,
la multiplicité des befoins enfante
l'égoïfme, crée de mauvais Citoyens, & les ravit à la patrie ; la vertu

& la fimplicité ne font pour les Grands que des objets de raillerie; les Sages, qui obfervent la décadence de l'Etat, ne peuvent déplorer fes malheurs que par des allufions ; il faut à la populace des Colifées, des Cirques & des Amphithéâtres, aux Généraux des Monumens & des Arcs de Triomphe.

La multiplicité des Dieux étrangers fait douter de l'exiftence des Dieux de la Patrie. L'impiété, dernier fléau des Nations perdues, s'unit à la dépravation. La jaloufie & l'ambition occafionnent d'affreufes guerres civiles. L'or eft capable d'éblouir un Sénat, autrefois la gloire du monde ; il vend la Juftice ; l'appareil des Généraux le fait trembler; il perd fon caractère. Un ambitieux ofe fe dire Souverain, & Rome, qui avoit conquis la terre, fe foumet à fon defpotifme. Je paffe fous filence les crimes & les décrets abominables du Sénat, son avilissement & sa pusillanimité ; il suffit d'avoir présenté à cette auguste Assemblée la marche & le progrès des crimes des Nations. *Regnum à Gente in Gentem transfertur propter injustitiam & diversos dolos* (Ezech. 10. 8.)

Après tant de siècles désastreux, il est bien consolant de parvenir à cette époque où la Province de Languedoc touche à sa prospérité. La Nation reconnoît, Messeigneurs, que vous conservez nos mœurs par la sagesse de vos délibérations ; elle sçait que vous avez donné la vie à nos campagnes, autrefois désolées par l'anarchie & la rebellion. Le dix-huitième siècle est en Languedoc ; le beau siècle de l'Egypte, lorsqu'elle creusoit des canaux & des lacs, pour soulager un Peuple laborieux ; de la Phénicie, lorsque son commerce vivifioit la terre ; de la Judée, quand, sous le Roi David, elle étoit agricole, commerçante & religieuse; & de Rome, quand des Sénateurs vertueux présidoient encore à la félicité publique. De petits abus ont jeté peu-à-peu ces Nations dans le désordre; ces Peuples n'ont été sensibles d'abord qu'à l'agrément. Au désir des choses agréables succède l'attrait des plaisirs, les plaisirs tiennent à la volupté, la volupté est le principe de la dépravation, la dépravation produit l'indifférence pour la Religion & la vertu, & cette fatale indifférence entraîne après elle l'athéisme & l'impiété. Voilà la marche graduée des forfaits des Nations; voilà l'état abject où le crime précipita des Empires vertueux & redoutables; voilà quelle fut la destinée de tous les Peuples du monde.

O Languedoc! précieux héritage des Bourbons, serez-vous un jour

la proie des Barbares, comme tous
ces Peuples anéantis ? Valeureux
Barons, toujours prêts à répandre
votre sang pour la gloire d'une
Monarchie, encore puissante &
généreuse, donnerez-vous le jour
& laisserez-vous vos domaines à
une postérité que la lâcheté & le
crime jetteront dans le néant ?
Auguste Assemblée, qui vous occupez avec tant de zèle du salut
du Peuple, devez-vous perdre
votre intégrité, votre caractère ?
Tremblerez-vous en présence d'un
tyran, & serez-vous l'instrument
de ses crimes, comme le Sénat
Romain ? Vendrez-vous le sang du
juste comme l'Aréopage, & serez-
vous dissipée enfin par un fougueux
Conquérant ? Vos regiftres, ce précieux dépôt qui renferme tant de délibérations utiles à la Patrie, & les
expressions de bonté & d'amour que
le meilleur des Rois vous renou-

velle tous les ans, feront-ils la proie des incendies & des révolutions, comme les annales de tant de Peuples vertueux ? Cette Statue de Louis-le-Grand, que vous avez élevée feule-ment après fa mort, ces canaux qui joignent les mers, ces édifices confacrés à la Religion, au bien public, ou à la vertu, tous ces beaux monumens, chef-d'œuvres de nos Arts, feront-ils renverfés par des Barbares, comme les édifices de l'antiquité ? Non. Vous ferez éter-nelle, ô ma Patrie, fi vous confervez vos principes & vos mœurs ; vous préviendrez ces défolantes cataf-trophes, en écoutant la voix des Sages qui préfident vos Affemblées.

SECONDE PARTIE.

QUAND on voit le vice parcou-rir l'Univers, renverfant les Em-pires, & portant de tous côtés la

B 4

désolation & la mort, on croit
que la Divinité, insensible aux affaires humaines, observe avec indifférence les mouvemens de sa Créa-
ture, & se joue du haut des Cieux,
de la chûte & de l'élévation des
Empires. Cette mobilité m'annonce
cependant le règne & le triomphe
d'une sagesse admirable. Suppo-
sons que la Justice suprême n'a
point exercé ses vengeances sur
aucun Empire criminel ; & que
tant de Peuples anéantis par l'erreur & le crime, existent encore
avec leurs vices. Ah ! quels dé-
sastres sur la terre ! Israël sacrifie-
roit à Baal ; les Phéniciens infecte-
roient les mers de leurs pyrateries ;
la mauvaise foi de Carthage avili-
roit le commerce des Nations ;
Babylone auroit des Sardanapales ;
l'ambitieuse Rome ravageroit la
terre ; la Judée feroit mourir ses
Prophètes, & la Grèce ses Légis-

lateurs ! Les Gaulois facrifieroient
des victimes humaines ; un Jupiter,
une Vénus, des orgies fcandaleufes,
des proftitutions religieufes avili-
roient les Peuples ; & le Paganifme
obfcurciroit pour toujours la furface
de la terre !

La deftruction des Peuples dégradés eft donc le vrai triomphe de
la Providence ; & quand la fageffe
de l'homme femble édifier, la
Sageffe fuprême renverfe leurs
frêles édifices : *ifti ædificabunt, &*
ego deftruam. Il n'exifte point dans
la vie future des châtimens pour
les Empires dépravés ; mais la Divinité exerce fes vengeances dans
cette vie même : elle diffout ces
affemblées pufillanimes, où le Peuple affervi a perdu fon pouvoir;
elle châtie les Monarques qui corrompent leurs Sujets, elle difperfe
leur famille & renverfe leur
trône : avant ces défaftres, elle

envoie cependant des Sages, des
Légiflateurs & de bons Rois pour
ramener les Peuples de leurs éga-
remens. Des Propheres s'élèvent
contre les crimes de Babylone,
de Tyr & de Sidon, & Jonas
convertit Ninive : les Nations
peuvent donc fe corriger de leurs
vices ; mais il faut attaquer le mal
dans fon principe même, &
rendre d'abord à la Religion fa
gloire primitive, la faire connoître
& aimer des Peuples : *premier
moyen.* Les Grands doivent protéger l'agriculture, parce qu'elle
conferve les mœurs : *fecond moyen.*
Ils doivent maintenir la Juftice,
parce qu'ils font les pères du Peuple : *troifième moyen.* Ils doivent
enfin donner le bon exemple, parce
que leurs fcandales font le plus grand
fléau des Empires : *quatrième
moyen.*

§. I. Vous avez vu, Meffeigneurs,

comment le mépris de la Divinité
s'eſt réuni, dans tous les temps,
à la dépravation, opérant de concert
les mêmes calamités, aviliſſant le
cœur des Citoyens, détruiſant l'énergie de leur ame. A la vérité, comme
ſes principes allarment d'abord une
Nation religieuſe, l'athéiſme prend
divers détours avant de paroître
au grand jour ; au commencement
il eſt timide, il ne trouve d'accès
qu'auprès des Citoyens plus audacieux, & chargés, pour ainſi dire,
des crimes de tout un Peuple ; mais
quand les grands attentats ſont
impunis, à cauſe de la foibleſſe des
Puiſſans du ſiècle, les grandes
erreurs ſe montrent à découvert ;
l'amour de la nouveauté, qui caractériſe les Peuples avides de plaiſirs,
introduit la fatale erreur ; une cu-
rioſité inquiète agite les eſprits ; on
écoute la voix enchantereſſe des
faux ſages qui parlent d'abord le

langage des fciences, pour donner de l'affurance fur leurs fyftêmes : ils propofent enfuite des doutes aux efprits curieux ou inquiets, altèrent les principes fur la plus précieufe des croyances, & fe précipitant d'erreurs en erreurs, ils prononcent enfin cet horrible blafphême, la dernière calamité des Empires. *Il n'y a point de Dieu. Dicit in corde fuo infipiens, non eft Deus.* Dans ces affreufes circonftances la Religion eft oubliée des Peuples occupés de leurs plaifirs ; les auditoires chrétiens, épris du langage d'une littérature mondaine, ne peuvent plus goûter celui qui perfuade l'humilité ; les fpectacles, qui repréfentent avec pompe les paffions des Héros profanes, rendent les Grands infenfibles au fimple appareil de Jefus confondu avec des Pêcheurs ; la repréfentation théâtrale des révolutions des Empires fait oublier les triomphes de ses divines humiliations; alors s'elèvent les Ministres mercenaires, qui, rougissant du langage de la Croix, oubliant qu'elle avoit confondu la sagesse de Rome & d'Athènes, prêchent les systêmes d'une raison égarée, prostituent le Sanctuaire & la chaire de vérité, & annoncent à Israël les Oracles agréables qu'il demandoit aux faux Prophetes dans ses jours de délire. *Loquimini nobis placentia.*

Proscrire cette morale perverse, qui prépare les siècles d'impiété; apprendre aux Instituteurs quel est le pouvoir de l'Evangile sur les bonnes mœurs; veiller sur la jeunesse, l'espérance de la Patrie & le salut des Peuples pervertis; rappeller aux Grands que les Nations modernes ont été fondées dans les beaux siècles de la Religion, dont l'esprit peut changer les Peuples,

les créer de nouveau & renouveller la face de la terre : voilà les moyens de rétablir la Religion. *Emitte Spiritum tuum & creabuntur, & renovabis faciem terræ.*

§. II. En fecond lieu, les Grands doivent protéger les cultivateurs de nos campagnes, dont la fimplicité conferve encore les mœurs primitives de nos pères. Confidérez cette claffe de citoyens , c'eft la première colonne de l'Etat ; cependant elle eft foumife à vos ordres , & ne travaille que pour votre luxe ou vos befoins ; voyez les fueurs & les larmes de ce Peuple , qui arrofent un pain d'amertume à peine fuffifant pour foutenir une vie de fouffrance; réfléchiffez fur votre fafte , & voyez combien de chaumières font devenues néceffaires pour foutenir vos fuperbes châteaux ! combien de foupirs & quelles fouffrances pour fatisfaire vos plaifirs & des vices , peut-être ,

qui font le fléau de la fociété!
combien de générations de malheureux, pour établir la gloire de
vos familles, & conferver les hommages attachés à votre nom! Qu'a-
vez-vous fait pour mériter ces
biens & ces honneurs? Soyez juftes
dans ce moment, devenez les juges
de votre mérite & dites avec moi,
que ferois - je dans la fociété, fi
les honneurs n'étoient pas héréditaires? & quelle feroit ma place, fi la vertu feule pouvoit com-
mander les hommes? Comparez
enfuite votre conduite & vos
mœurs à celles du refte des citoyens ; n'écoutez pas la voix de
l'amour-propre qui s'offenfera du
parallèle ; reconnoiffez que le cultivateur humble & laborieux adore
la Divinité que les Grands ont
oubliée ; avouez qu'il expie tout
feul l'offenfe du père commun, &
que vos plaifirs & votre fafte vous

occupent uniquement ; tous les matins, il reconnoît la main célefte qui fait lever fon foleil de juftice, & il n'eft que trop de Puiffans du fiècle, qui doutent de fa fainte Providence ; fes mœurs font encore pures & fimples, & la vie luxurieufe des riches eft pour lui un objet éternel de fcandale. Vous avez ordonné cependant, ô Providence ineffable! que ce Peuple refteroit dans la pouffière ; vous avez anéanti l'égalité des hommes, & vous avez confié à un petit nombre la deftinée des Nations. Adorez, Grands de la terre, ces décrets impénétrables, humiliez-vous devant fon incompréhenfible fageffe ; refpectez l'excellence de votre miniftère, qui vous élève au-deffus de vos femblables : votre naiffance n'eft donc point un vain préjugé, c'eft l'ouvrage de la Sageffe éternelle, c'eft un véritable préfent de Dieu, qui commande

qu'Ifraël

qu'Ifraël foit ainfi régi pour glori-
fier fa puiffance, imiter la hiérarchie
célefte & vivifier la terre.

§. III. En troifième lieu , vous
devez maintenir la juftice dans la
fociété. , ... La Providence vous
a établis Protecteurs & pères des
Peuples ; vous êtes les Gardiens
de leurs mœurs, comme de leurs
propriétés ; vous devez récompenfer
les lumières & la vertu , éloigner
des emplois les hommes vicieux
qui corrompent tout, les ambitieux
qui ofent tout , les intrigans qui
bouleverfent toutes chofes , &
veiller enfin fur vos Agens & Officiers de Juftice , qui jouiffent d'une
portion de votre pouvoir. Je les ai
vus , dans votre abfence , donner
l'effor à une ambition fcandaleufe ,
tourmenter un Peuple foible &
fans lumières , infpirer la terreur ,
en fe glorifiant de vous appartenir ,
perfuader , dans leurs concuffions ,

C

qu'ils agiffent par vos ordres, éloigner de vous & perfécuter le Citoyen vertueux ou éclairé, qui connoît leurs rapines & leurs ufures. *Populum meum exactores fpoliaverunt.*

J'ai vu le bien des Pauvres honteufement trafiqué & perdu dans les mains des Adminiftrateurs ; j'ai entendu les cris des malheureux fouffrans, qui demandoient en vain le bien qu'ils tiennent de la piété des Fidèles, & la voix des Citoyens vertueux qui réclamoient les aumônes de leurs pères. *Populum meum exactores fpoliaverunt.*

J'ai vu l'afferviffement de plufieurs Communautés, la perpétuelle confirmation dans les Charges municipales, & la clandeftinité des délibérations, qui éloigne de la connoiffance des affaires le Citoyen vertueux, & affermit un defpotifme, dont les maux détaillés vous font encore inconnus. *Populum meum exactores fpoliave-runt.*

J'ai vu, dans nos Hameaux, des Officiers de Juftice incapables de l'étude des Loix, mais exercés dans l'affreux talent de multiplier les frais, de prolonger les procédures & de ruiner des familles. Reconnoiffez les fuites déplorables de leurs iniquités, dans les récentes féditions d'un Peuple coupable, mais outragé par ces concuffion-naires. *Populum meum exactores fpoliaverunt.*

O jour heureux pour moi ! j'ai pu faire entendre la voix d'un Peuple chéri d'un grand Monarque ! J'ai pu montrer aux Pères de la Patrie, les maux qu'endure le Cultivateur fi digne de votre follicitude. Qu'ils pâliffent devant vous, fes oppreffeurs, s'ils ofent pénétrer jamais dans vos affemblées, repréfentant, d'un front ferein, des Citoyens qu'ils foulent dans nos montagnes.

§. III. Enfin les mœurs des Grands doivent être exemplaires, à caufe des fuites fatales de leurs fcandales dans la fociété, dont ils deviennent les corrupteurs; vous avez vu, Meffeigneurs, comment ils furent les Miniftres de la Divinité pour régir cet univers dans fes miféricordes comme dans fes ven-geances; la deftinée des Peuples leur eft abandonnée & la Divinité dirige leurs bras pour la profpérité ou la ruine des Empires; dans toutes les Nations perdues par le péché, le Peuple n'a jamais corrompu les Grands, & par-tout les Grands ont corrompu les Peuples.

En France fur-tout, les mœurs des Grands forment celles du Peu-ple: nous avons été vertueux & religieux fous des Monarques pieux, conquérans, quand ils ont desiré des conquêtes ; avides de gloire, quand ils furent sensibles à ses attraits ; nous étions fiers & valeureux, quand l'antique austérité de nos mœurs dominoit dans nos foyers ; nos voisins nous aimoient davantage, quand la vertu & l'aimable simplicité régnoient dans nos Provinces ; mais nous sommes devenus frivoles, & nos mœurs ont dégénéré, lorsque les Grands ont souffert que Dieu fût outragé ; quand ils ont laissé répandre des écrits lascifs, & quand, méprisant les usages & la simplicité de nos aïeux, ils ont couvert d'opprobres & de confusion la sainte antiquité. Voilà les effets du scandale des Grands dans toutes les Nations. A cette époque désastreuse, la Littérature ne s'occupe ni de l'utile, ni du grand, mais elle est souillée des productions d'un cœur libertin, & des sophismes d'une raison égarée ; les Arts se proftituent & se dévouent au vice, le zèle pour les intérêts du Ciel est appellé fanatisme, la Religion est sans pouvoir sur les consciences ; les Natham, les Prophetes & les Prêtres se taisent, ou parlent foiblement, mais toujours en vain ; les devoirs envers la patrie sont oubliés, & ce mot sacré, ce mot adorable de P A T R I E, qui créa les Juda-Machabée, forma des héros, & fut autrefois le mobile des grandes révolutions, n'est plus qu'un mot risible ou sans pouvoir ; alors les Grands sont devenus indifférens pour le reste des hommes, pour les hommages que le vice leur prodigue & dont ils sont fatigués, pour l'opinion publique qu'ils dédaignent, pour les censures populaires qu'ils méprisent : *Erubescere nescierunt*, dit Jérémie, pour le vice & la vertu, pour l'estime ou l'opprobre, la félicité publique ou la calamité. Insouciance fatale aux Nations ! ou plutôt foiblesse d'ame qui caractérise tous les Peuples fatigués de plaisirs, de luxe & de modes, & qui touchent à leur anéantissement. Voyez ce fameux César, qui dédaigne les criminelles complaisances d'un Sénat avili, dont la servitude avoit coûté tant de travaux politiques ; considérez le dernier des Sardanapales, que les plaisirs ont jeté dans un état languissant : il voit approcher sans s'émouvoir, l'ennemi valeureux qui vient le détrôner.

J'ai montré la gloire & la prospérité des Peuples agricoles, commerçans & conquérans, établies sur l'austérité des mœurs & la chûte des Empires, occasionnée par la dépravation & le péché; j'ai présenté les remèdes que prescrit une politique

chrétienne contre ces abus ; j'ai décrit les fuites funeftes du fcandale
des Grands, & les calamités des
Etats qui ont vieilli dans l'iniquité,
qui ont vu de grands crimes & de
grandes vertus, qu'un luxe de
longue durée a corrompus, auxquels
un commerce immenfe a donné de
grands befoins, & que l'irréligion
éloigne du Sanctuaire ; j'ai dépeint
l'état d'un Peuple que la mobilité
des modes a rendu frivole, qu'une
grande gloire militaire & de grands
défaftres ont jeté dans l'infenfibilité,
que l'Empire des femmes, dans
la fociété, a efféminé, que des
chef-d'œuvres dans les Lettres &
les Arts ont rendu difficile, & que
des plaifirs trop variés & trop vifs
ont jeté dans la pufillanimité &
l'infouciance. *Quand l'efprit de
vertige pofsède les Nations, dit
l'Efprit-Saint, leur chûte eft alors
inévitable, parce qu'elles ont violé*
les

les Loix, changé le droit public, rompu des pactes folemnel. (Ifaïe.)

DIVINE PROVIDENCE, qui déterminez la deftinée des Peuples; grand Dieu, qui tenez dans vos mains le cœur des Rois! Dieu de Clovis & de Louis IX, & vous tous céleftes Protecteurs de la France, protégez à jamais l'Empire des Bourbons, la patrie des Saints, & la colonne de la véritable Religion ; n'oubliez point ce Peuple chéri, qui, malgré fes péchés, eft encore la gloire des Nations ; confervez à fon Monarque fes mœurs pures & fa piété bienfaifante ; donnez-lui votre Jugement, infpirez la fageffe à fon Fils : *Judicium tuum, Domine, Regi da, & juftitiam tuam Filio Regis. (Pf.)* Si nos péchés vous irritent, rappellez-vous que nous defcendons d'un Peuple que vous avez aimé : *Recor*

D

dare fœdus tuum. Pardonnez à ce Peuple coupable, qui a méprifé la vertu de fes pères : *parce Populo tuo.* Mais confervez une Monarchie qui fut toujours l'objet de vos bénédictions, & qui glorifiera votre Nom fur la terre & dans les Cieux.

Fin du Difcours fur les Mœurs.

ANALYSE,
NOTES
ET DÉVELOPPEMENTS
DU DISCOURS
SUR LES MŒURS.

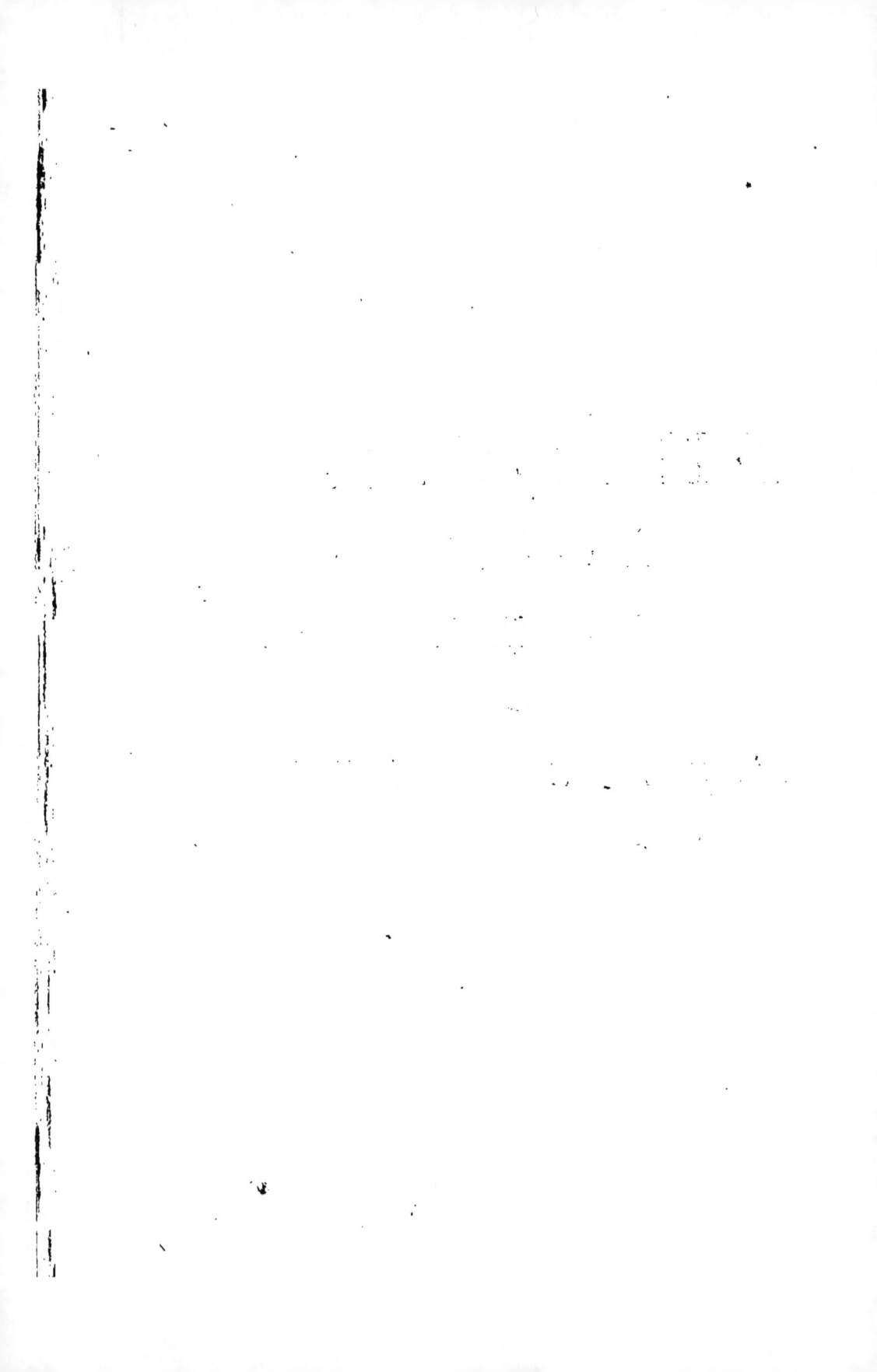

ANALYSE
DU DISCOURS
SUR LES MŒURS.

ON prouve dans la PREMIERE PARTIE, que *les bonnes mœurs font le fondement de la gloire & de la profpérité des Empires*, qu'on confidère, non point felon la nature de leurs conftitutions, mais relativement au genre de vie des Peuples. On ne les diftingue donc point ici comme Puiffances Monarchiques, ni comme Républiques ; mais comme Nations agricoles, commerçantes & conquérantes ; cette méthode eft fondée fur la manière d'exifter des Peuples, & non fur la nature de leurs conftitutions.

§. I. Les Egyptiens, les Juifs & les Grecs font les Peuples agricoles, les plus remarquables de l'antiquité, & ceux dans qui l'on voit, avec plus d'évidence, l'influence des mœurs fimples fur la félicité publique. Des Rois Pafteurs avoient infpiré d'abord à l'Egypte des mœurs auftères, des fentiments élevés fur les Dieux : cet amour des grandes chofes développa l'efprit des Egyptiens, premiers inventeurs de plufieurs Arts : on voit fous le Roi Sefoftris un Peuple fage, éclairé, commerçant & heureux. Ce génie national changé par la corruption des mœurs, s'avilit : les Monarques deviennent des tyrans : l'Egypte affoiblie eft en proie aux révolutions. On connoît fes dernières calamités fous Cléopâtre.

D 3

La Nation Juive victorieuse des Peuples qu'elle chaffa de la Terre promife, devint tributaire, captive, fut divifée & fouffrit toutes fortes d'humiliations quand, oubliant la vie agricole & paftorale des Patriarches & les Loix de Moïfe, elle goûta le luxe introduit par fes Rois : les lamentations de fes Prophètes retentiffent des maux préfents & futurs opérés par les vices & les erreurs d'Ifraël.

La Grèce, au commencement agricole, eft célèbre par l'auftérité de fes mœurs & la fimplicité de fes ufages, ce caractère la prépara à de grandes chofes & fur-tout au goût des belles formes de la nature : cet attrait fit fleurir les Arts & la Nation ; mais la Grèce une fois dépravée & affoiblie, fut la proie des Romains.

§. II. Parmi les Nations commerçantes on diftingue la Phénicie & Carthage. La première, peuplée d'abord de Pêcheurs, devint florifante & célèbre par fon commerce & les Colonies qu'elle fonda. Elle connut même dès le commencement l'exiftence d'un Dieu tout-puiffant ; mais lorfque fes Négociants devinrent des pyrates, & que l'injuftice introduite dans toutes les parties de fon commerce eut banni les anciens principes d'équité, la puiffance de Tyr & de Sidon, comme le dit le Prophète, fut diffipée.

Carthage eut la même deftinée : la juftice & la bonne foi, fondement de fon commerce, lui donnèrent fucceffivement la confiance & la confidération de fes voifins ; mais quand la dépravation intérieure de l'Etat eut banni du commerce & de la politique le caractère de franchife & d'équité qui caractérife les Peuples

vertueux, quand la mauvaise foi de Carthage
fut reconnue, affoiblie elle-même par les trois
guerres puniques, obligée de confier fa défenfe à des foldats étrangers & mercenaires, elle
fuccomba à la dernière attaque des Romains,
& fut rafée de fond-en-comble, par un ennemi
alors plus puiffant & moins dépravé.

§. III. Chez les Peuples conquérants on diftingue
d'abord les mœurs auftères & martiales. Mais
la générofité & le défintéreffement des Généraux, l'amour de la gloire & les fentiments
d'honneur, toutes les vertus des Héros, difpa-
roiffent quand le luxe, les plaifirs, l'amour des
richeffes s'emparent des Citoyens : ces Peuples ne
peuvent réfifter à un Peuple doué de mœurs
plus fimples & jaloux de la gloire. Babylone
vertueufe, eft conquérante ; une fois proftituée,
elle tombe dans l'efclavage. Plufieurs Sardanapales laiffent précipiter la Monarchie des Affy-
riens : une infouciance fatale fuccède à la bravoure primitive.

Telle fut fur-tout la marche de Rome vers
fa ruine : quand elle étoit fimple & vertueufe,
elle anéantit tous les Peuples qui avoient
vieilli dans le vice; mais devenue vicieufe, elle
fubit la deftinée que l'erreur & la corruption
ont préparée à tous les Empires. Au commencement elle aimoit la pauvreté, elle étoit religieufe, courageufe dans les armées, prudente
& avifée, mais fans attraits pour les connoiffances.

Ces qualités caractérifent tous les Peuples
nouveaux, & furent les fondements de la force
primitive de Rome. Quand les Philofophes Grecs

voulurent paſſer à Rome, moins avancée que la Grèce vers la dépravation, elle les éloigna de ſon ſein ; la République n'étoit pas encore préparée à recevoir leurs idées.

. Mais quand l'amour des plaiſirs, l'attrait des richeſſes eurent fait oublier les anciens principes, quand les coutumes voluptueuſes de l'Orient. eurent paſſé à Rome, quand le Sénat perdit ſon caractère, la Nation tomba vers ſa ruine ; la volupté multiplia les beſoins, les Arts, enfants de la beauté & du plaiſir, fleurirent d'abord & alimentèrent le faſte des Grands ; mais ils tombèrent vers leur décadence, quand la dépravation portée à ſon comble étouffa les productions du génie & détourna les eſprits du grand & du naturel. Rome périt enfin ſous les coups du vice, & devint à ſon tour la proie des Peuples barbares.

SECONDE PARTIE. Si tous les Empires dont on a vu la gloire & la dépravation, exiſtoient aujourd'hui avec les mêmes vices qu'ils avoient à l'époque de leur anéantiſſement, la terre n'offriroit de tous côtés que des déſaſtres & des calamités : la ſucceſſion de ces Empires, eſt, je crois, l'ouvrage d'une ſageſſe infinie. Au lieu de voir dans ces révolutions un Créateur indifférent ſur la deſtinée des Nations, je vois au contraire l'ouvrage d'une Providence qui préſide au bonheur de l'eſpèce humaine. Quelles calamités dans le genre humain, ſi les mers étoient infectées des pyrateries des Phéniciens, ſi la mauvaiſe foi des Carthaginois régnoit dans le commerce, ſi des Sardanapales perpétuoient l'Empire de Babylone, ſi les Gaulois ſacrifioient des hommes, & ſi des Néron & des Caligula gouvernoient encore la terre ! Il faut que la vertu auſtère & courageuſe triomphe de la dépravation & de la verſatilité des principes d'un Peuple corrompu, il faut que la terre ſoit purgée de temps en temps, qu'elle ſe repoſe & prépare à un Peuple nouveau & agriculteur un ſein vierge qui donnera des fruits purs. Avant la deſtruction, la Providence ſuſcite cependant de bons Rois & des Légiſlateurs; quelques Nations ſont revenues de leurs égarements : les moyens de rendre à l'Empire ſa première force, c'eſt de remettre les choſes dans l'état primitif. Les Grands doivent donc s'efforcer, 1°. de fétablir la Religion qui maintient le Peuple dans les anciens principes & dans la morale établie; 2°. ils doivent protéger l'agriculture qui conſerve les mœurs; 3°. protéger la Juſtice, parce qu'ils ſont les pères des Peuples; 4°. donner le bon exemple, parce que leurs ſcandales ſont le plus grand fléau des Nations.

§. I. L'irréligion ou l'athéiſme accompagnent toujours la diſſolution des Empires. Quand les grands crimes ſont impunis, à cauſe de la foibleſſe des Puiſſants de l'Etat, l'athéiſme foible & timide d'abord ſe montre alors à découvert : l'amour de la nouveauté qui caractériſe les Peuples avides de plaiſir, introduit la fatale erreur. Une morale relâchée prépare toujours ces ſiècles d'impiété; mais une éducation plus auſtère, une jeuneſſe, eſpoir des Peuples pervertis, imbue de meilleurs principes, des Prêtres attachés à leur miniſtère, peuvent renouveller les beaux âges de la Religion & la morale primitive.

§. II. Les Grands doivent protéger la vie agricole & paſtorale qui conſerve les mœurs primitives. Les cultivateurs des champs ſont les premières colonnes des Empires ; leur vie laborieuſe eſt la ſeule richeſſe des Grands & ſoutient les rangs ſupérieurs de la Nation.

Dans un Diſcours deſtiné à être prononcé devant une Aſſemblée qui ſe prépare à les ſoulager, on a dû faire le récit de leurs peines ; ce tableau ne peut être trop ſouvent expoſé aux yeux des Grands. Combien de chaumières pour le faſte d'un ſeul château ! & quelles ſouffrances pour le plaiſir des Puiſſants du ſiècle ! combien de générations de malheureux pour établir les hommages attachés à une maiſon ! Si la Providence avoit voulu que la vertu eût commandé les hommes, ſi à chaque génération elle avoit diſtribué les honneurs & les biens, quel ſeroit le ſort des Grands ! Le droit de naiſſance n'eſt donc plus un préjugé, la Providence l'a établi pour conſerver l'ordre que nous obſervons dans la ſociété : ce droit aſſure la tranquillité aux Monarchies, attache le Sujet à la Famille régnante & celle-ci à ſes Sujets. La ſucceſſion des droits eſt dans l'ordre de la Providence.

§. III. Les Grands doivent maintenir la Juſtice dans la ſociété : ils ſont les protecteurs & les pères des Peuples, les gardiens de leurs mœurs comme de leurs propriétés. On a dû expoſer dans ce Diſcours les abus obſcurs & ignorés qui ſe paſſent dans l'intérieur des Provinces, dans les Bourgs & les petites Villes.

Abus dans la régie des Agents des Seigneurs, dans leur abſence ils exercent diverſes sortes de concussions, toujours en persuadant que c'est par l'ordre du Seigneur; ils éloignent de sa personne le Citoyen éclairé qui connoît leurs rapines, on les redoute plus que le Seigneur même, & souvent ils deviennent aussi riches que lui. Abus dans l'administration des biens des Pauvres, le délai des secours, la manière dont ils sont administrés, le choix des malheureux, tous ces détails méritent l'attention des Chefs d'une administration provinciale. Abus dans la marche légale de la Justice : dans les petits Tribunaux des Villages, des Officiers sans lumières, ne connoissant que l'affreux talent de multiplier les frais & de prolonger les procédures, deviennent dans ces lieux ignorés des sang-sues populaires. Abus dans l'administration municipale, dans la confirmation des charges achetées ou mendiées, elle éloigne les Citoyens de la connoissance des affaires populaires.

Ces détails d'un despotisme minutieux devroient être connus: ils sont d'ailleurs si surprenants sous un Roi le père & le protecteur de son Peuple, & sous une administration aussi intègre que celle de Languedoc, qu'on a cru devoir en former un tableau ; ces abus cependant ne sont pas généraux, ils sont rares ; mais il suffit qu'ils arrivent quelque part, pour qu'ils doivent être présentés à l'Assemblée des Etats.

§. IV. Enfin les mœurs des Grands doivent être exemplaires. Ils sont l'instrument de la Providence dans l'élévation & la ruine des Peuples, dont la destinée est entre leurs mains. Dans toutes les Nations anéanties, le Peuple n'a jamais corrompu les Grands ; par-tout les Grands ont corrompu le

Peuple. En France, ils peuvent perfuader toutes chofes : nous avons été tout ce que nos Monarques ont voulu : nous avons rendu leurs règnes glorieux, floriffants, commerçants & belliqueux quand ils l'ont voulu : nous avons fervi leurs paffions comme leurs vertus.

Le mépris des anciens ufages ne fe manifefte d'abord que chez les Grands, & quand l'indifférence pour la vertu & pour les grandes chofes, s'empare de leur ame ; quand, fatigués de plaifirs, ils entrent dans cette fatale apathie, dans cette infenfibilité de caractère qui annonce la décadence des Nations, alors un efprit de perfifflage témoigne au-dehors ce qui fe paffe dans leur ame. Ne recherchez plus la vertu ni l'héroïfme dans ces Nations ; on y rit de tout, du vrai & du menfonge, du bien & du mal. Voyez l'indolence du dernier des Sardanapales, il fe laiffe détrôner fans réfiflance. Voyez les dédains de ce Céfar qui méprife les viles complaifances d'un Sénat dont la fervitude avoit tant coûté de travaux politiques. C'eft le caractère de toutes les Nations perdues & qui touchent à leur anéantiffement.

COMPLIMENTS

DÉTACHÉS

DU DISCOURS.

AU ROI.

Page 11 .... Après avoir annoncé l'influence des mœurs sur la durée & la prospérité des Empires, on avoit placé ce qui suit :

« GRAND ROI, qui *régnez sur le Trône des*
» *François*, digne héritier d'un nom béni de
» tant de Peuples, c'est la cause des Bourbons
» que je vais soutenir en présence des Grands
» de l'Etat & de vos Sujets de Languedoc, assem-
» blés pour le soulagement de vos Peuples, &
» toujours prêts à porter à vos pieds leurs for-
» tunes, à donner encore mille vies pour l'hon-
» neur de la France & le soutien de votre Trône.

» Ces sentiments, nous les devons, LOUIS,
» à votre respect pour la Religion, à votre zèle
» pour rétablir les mœurs nationales, à votre
» politique toujours humaine, à vos vertus con-
» jugales, à votre tendre paternité & à votre
» compassion pour un Peuple fatigué, si digne
» de l'amour d'un grand Monarque.

» Ce Peuple, dont je viens d'observer le ca-
»ractère depuis la Capitale jusqu'aux confins de
» vos Etats, est pénétré de respect & d'amour

» pour Votre Majesté. On dit, même dans les
» chaumières les plus lointaines, que L o u i s
» l e B i e n f a i s a n t a banni de sa Cour la
» corruption & le vice, aboli la servitude, rom-
» pu les chaînes de plusieurs Peuples, pacifié
» divers Etats, créé nos puissances navales, réta-
» bli la considération & le respect qu'on doit au
» nom François, donné la liberté aux Mers & à
» l'autre Continent.

» Auguste Epouse d'un si grand Roi, ver-
» tueuse fille de Marie-Thérèse, digne sœur de
» Joseph II, comme Louis, vous êtes touchée
» de compassion à la vue des misérables que vous
» soulagez ; comme Louis, vous êtes sensible à
» notre amour, & comme lui, vous ne régnez
» que pour la prospérité de la France ; dans nos
» fêtes publiques, nous avons vu votre ame re-
» jeter une vaine pompe, pour satisfaire votre
» cœur d'un spectacle plus attendrissant. Ce ca-
» ractère de grandeur joint à la bonté, cette
» piété pour les hommes, annoncent, grande
» Reine, les beaux jours de la France ».

A M. le C o m t e de P é r i g o r d,

Prince de Chalais, Chevalier des Ordres du Roi,
Grand d'Espagne, &c. Commissaire du Roi
aux Etats-Généraux de la Province, &c.

Page 24.... Après avoir fait le récit des
vices des Grands dans les Nations conquérantes,
& décrit le déclin des Monarchies qui en est la
suite, on avoit placé ces paroles : « vous en-
» tendez raconter avec horreur cette série de

» forfaits, vous, le digne héritier du nom &
» de la valeur des Talleyrans ; qui avez fçu
» joindre les mœurs auftères de nos pères à l'agré-
» ment des vertus modernes ; vous qui avez af-
» foupi les émeutes populaires de nos montagnes,
» non par l'effufion du fang , mais par les
» opérations d'une prudence confommée ; foyez
» long-temps , parmi nous , un exemple pour
» les militaires, les époux & les pères » !

A M. Arthur Dillon, Archevêque
de Narbonne,

*Préfident-né des Etats-Généraux , Commandeur
de l'Ordre du Saint-Efprit, &c.*

Page 31 . . . . . Après avoir confidéré l'état
floriffant de Languedoc , la plus confidérable
des Provinces de France , on a fait fuivre ces
paroles : « heureux les Etats de Languedoc, pré-
« fidés par un Prélat qui dirige fi dignement
» les intérêts d'une grande portion de la Mo-
» narchie , par la force de fon génie & l'hu-
» manité de fes vues ; qui fçait paffer de vos
» Affemblées dans la chaumière des Pauvres,
» vifiter nos montagnes pour les vivifier, re-
» connoître en détail les effets de la mifère ,
» veiller fur les coutumes & les mœurs , déve-
» loppant enfuite dans vos Affemblées les règles
» d'une adminiftration éclairée & jufte dans fes
» principes, élevée dans fes plans , & religieufe
» dans fes maximes » !

A MM. les Vicomtes de Saint-Priest,

Pere & Fils, Intendants de Languedoc, &c.

Page 43... Après avoir fait connoître des abus gliffés dans l'intérieur des Bourgs & Villages, dans l'adminiftration de la Juftice, les affaires municipales, la régie du bien des Pauvres, & des domaines des Seigneurs ; l'Auteur a cru devoir inférer après les mots *Populum meum exactores fpoliaverunt*, ces paroles adreffées aux deux Intendants : « & fans la fermeté de nos » deux Intendants, qui font véritablement les pè- » res du Peuple, & répriment fans ceffe les efforts » obfcurs de la cupidité ; ah, pauvre Peuple ! fans » leur pieufe follicitude, de quelles oppreffions » votre fimplicïté ne feroit-elle pas le jouet & » la victime ! puiffiez - vous donc, vertueufe » famille, jouir long-temps de la confiance de » Louis, pour la félicité de nos campagnes » !

Lu & approuvé, ce 3 Avril 1784, DE SAUVIGNY.

Vu l'Approbation, permis d'imprimer, LE NOIR.

De l'Imprimerie de L. JORRY, Libraire-Imprimeur de MGR. LE DAUPHIN, rue de la Huchette.

N O T E S.

Des Femmes dans les diverses époques des mœurs des Empires.

C'est la destinée des femmes d'être esclaves chez les Sauvages ; elles jouissent de peu de considération & d'égards chez les Peuples à demi-policés, mais elles règnent dans les Nations voluptueuses où la galanterie est un des plaisirs de la société.

C'est l'habitude des Sauvages de céder à la force, ils n'ont point les idées morales des Peuples civilisés qui adouciroient leur férocité ; les femmes que la nature a rendu plus foibles, doivent souffrir un joug tyrannique. Parmi les Peuples cultivateurs, dans nos Provinces, où les mœurs sont encore simples & austères, où l'on ne connoît ni les charmes des Arts, ni la galanterie des Capitales, les femmes présentent un caractère digne de remarque ; là, une société plus heureuse éloignée de la corruption générale nous rappelle encore les plaisirs champêtres des premiers hommes; c'est le tableau de la vie privée des Patriarches.

Nos montagnes vivaroises, parmi toutes les autres, offrent, dans quelques cantons, les restes de ces mœurs antiques ; là, des mains toujours actives manient tour-à-tour l'aiguille & le fuseau, & préparent des habits simples à des époux toujours chéris ; là, une touchante timidité conserve les mœurs naturelles d'un Peuple simple,

A

& des visages toujours sereins expriment la tranquillité & le bonheur inséparables des vertus
conjugales ; là, j'ai vu des épouses, comme autrefois dans Rome vertueuse, condamnées par
les mœurs régnantes, à une retraite austère,
évitant la société & les repas de bienséance,
plus contentes de servir un mets apprêté par
leurs mains, que d'y prendre séance ; j'ai vu des
femmes vigoureuses ensemencer les terres, ren-
trer le soir dans la bourgade, un enfant d'une
main, un instrument d'agriculture de l'autre,
allégeant par un travail opiniâtre les peines du
ménage, bénissant la Providence dans la prospérité comme dans les malheurs, & contentes
de plaire à un époux, sans avoir l'idée de l'in-
fidélité conjugale; là, j'ai vu des visages de lys
& de roses, rougir subitement au seul aspect
d'un étranger, & témoigner, par leur timidité
& leur embarras, l'amour d'une vie retirée.
Telles sont encore les mœurs des femmes dans
plusieurs contrées montagneuses de la France.

Chez les Peuples guerriers à demi-barbares,
dans cet âge, par exemple, où l'on voit des Hordes arrivées du Nord, détruire l'Empire de
Rome, & préparer les siècles de la chevalerie,
on trouve les femmes asservies sous l'autorité des
maris ; privées des avantages de la propriété,
gênées dans leurs desirs & dans leurs volontés ;
mais une vengeance tacite des femmes réprimoit
bientôt la fierté & l'injustice des hommes. Elles
mettoient un grand prix à la conquête de leur
cœur. Pour en être digne, il falloit avoir du
courage dans les armées, se distinguer par
divers actes de bravoure, exposer sa vie &

remporter la victoire dans les lices & les tournois : les femmes, en exigeant ces longues épreu-
ves, adoucissoient le caractère deces guerriers
peu civilisés ; à l'héroïsme se joignoit la ten-
dresse qui tempéroit les habitudes martiales des
temps, & les femmes avoient la gloire de sou-
mettre des caractères fiers, de s'assujettir les
hommes, dompter leur impétuosité, & détruire,
par la seule persuasion, un empire établi par
la nature & maintenu par les Loix de l'Empire.

Mais quand les Nations se civilisent, quand
l'amour du plaisir s'empare des Citoyens, le caractère des femmes prend aussi de nouvelles
formes ; les plaisirs de la société sont d'abord
accompagnés d'une grande décence, car on ne
passe jamais tout-à-coup à la perversité : on trouve
encore du cérémonial & un ton de grandeur
même dans les divertissements ; les femmes sont
appellées dans les Cours, elles sont de tous les
festins, des spectacles & des cérémonies, & ne
tardent pas d'y fonder un empire, d'établir des
loix : ce ne sont point des loix écrites, mais des
loix de bienséance & de convention tacite ,
qu'on seroit plus coupable d'enfreindre. Alors
les vertus austères cèdent la place à de nouveaux attraits, & le sexe reconnoissant bientôt
toutes les forces de son empire, obtient des honneurs & des hommages.

Quand la décence & la vertu sont encore en
honneur dans les Nations nouvellement civili-
sées, la société n'offre que des charmes, c'est une
volupté accompagnée des ornements & de l'appareil de la vertu. Etudiez les femmes sous
Louis XIV, & reconnoissez quel est le pouvoir

A 2

des mœurs d'un Monarque fur celles de fon fiècle, & la puiffance des femmes fur le caractère dominant.

Mais quand on ne retrouve plus dans les Nations les formes extérieures qui doivent toujours accompagner les plaifirs, alors arrive le règne des courtifannes, & cette nouvelle époque des mœurs voit approcher la ruine des Empires. Dans la Grèce, ces femmes célèbres influent fur toutes les affaires; Afpafie & Phrinés donnent le ton à leur fiècle.

A Rome la corruption eft encore plus affreufe, on fçait combien les femmes perfectionnèrent l'art du plaifir, comment elles osèrent tromper la nature, éluder fes loix, mutiler des efclaves.... Paffons fous filence l'hiftoire de la vile débauche, il y a de la honte & du danger à fouiller dans fes horreurs.

Remarques fur la Population, fur les Arts & Métiers, & fur l'Agriculture, dans les diffé-rentes époques des mœurs des Peuples.

La population n'eft pas l'ouvrage des Edits, mais celui des mœurs & de l'aifance que donne l'agriculture.

Dans les fiècles vertueux des Nations, les Citoyens fe multiplient en raifon de l'étendue du fol où ils vivent: ils deviennent même quelquefois fi nombreux, que la terre qu'ils habitent ne fuffit plus aux premiers befoins; dans cette circonftance, malheur aux Peuples efféminés du voifinage! l'Hiftoire nous montre des Hordes d'hommes braves & vigoureux qui ont élevé des Empires fur les débris des Etats vicieux & fatigués d'une longue corruption.

Une grande population qu'on ne trouve que chez les Peuples vertueux, fut toujours la caufe de ces révolutions : nos Etats modernes n'ont eu pour fondateurs que des barbares, qu'un fol ftérile avoit vu naître, & qui, trop nombreux pour tirer leur fubfiftance d'une terre ingrate, paffoient dans des campagnes plus heureufes.

Ce n'eft point toujours à des guerres deftructives qu'il faut attribuer la dépopulation. L'intempérance, la débauche, le célibat des fiècles égoïftes, le luxe des Grands, le dégoût du mariage, la vie libertine des Capitales qui donnent le ton à tout un Royaume, font des caufes permanentes qui raviffent à la campagne le nombre d'hommes néceffaires à l'agriculture. Voyez l'état de la population en Savoie & en Suiffe, où des mœurs fimples facilitent les mariages & confervent l'amour conjugal ; voyez dans le fein même de la France, ces Hordes arrivées d'Auvergne & de Limoufin, dévouées aux travaux pénibles des Capitales, & celles qui, des Pyrénées & des Cévènes, paffent tous les ans en Efpagne & en Provence pour aider un Peuple plus efféminé dans fes travaux champêtres.

Ainfi les bonnes mœurs des pays fimples fervent encore à maintenir le refte de la fociété dans fa débilité même, & peuplent des montagnes prefque inacceffibles, environnées de précipices & coupées de profondes vallées.

Là, des hommes d'une autre conftitution,

forçent la nature à produire des fruits malgré l'inclémence du climat, par une culture opiniâtre & laborieufe : tranfportez un Citoyen de Paris, une femme vaporeufe, dans nos chaumières ouvertes à tous les vents, comparez leurs chairs palpitantes, leur teint livide mafqué de rouge & de blanc, aux vifages de lys & de rofe, aux traits bien deffinés de nos élèves de la nature, & jugez de l'influence de nos Capitales.

Pour fçavoir ce que coûtent les Villes à l'agriculture, & quel nombre de Citoyens elles enlèvent à la campagne, confidérez le premier bijou du riche citadin. Combien de Métiers & combien d'Ouvriers ont contribué à fa perfection ! combien d'efpèces de travaux pour fabriquer les inftruments des atteliers par lefquels il eft paffé ! Quelle variété de Métiers, quel nombre de bras employés pour le diamant du Bréfil, & pour extraire des mines, l'argent fur lequel il eft monté ! Voyez des Mineurs dans l'autre Continent, des Navigateurs, des Négociants, des Lapidaires, des Vendeurs, Revendeurs, Brocanteurs, &c. &c. occupés du bijou avant qu'un grand Seigneur puiffe admirer le fini de l'ouvrage. Nos mœurs ont ravi à l'agriculture cette férie de Citoyens, & nos campagnes ont perdu des hommes & des bras.

L'induftrie des Peuples non corrompus a un autre objet : la partie des Citoyens qui ne s'occupe point du labourage, dirige fon induftrie vers l'utilité publique ; le Commerce & les Arts n'ont pour objet que les befoins & l'aifance des Peuples & des Nations voifines. Le Commerce intérieur n'entretient point un luxe qui détruit toujours & n'établit rien.

Ce font les fiècles de repréfentation & de plaifir qui multiplient les Artifans inutiles , les Arts créés pour célébrer la vertu & l'immortalifer, & cette férie innombrable de métiers qui n'ont d'autre objet qu'un vain plaifir.

Alors fe multiplient à Rome cette fuite d'ouvriers inconnus dans les premiers âges de la vertu : alors paroiffent en Europe, pour le fervice ou le plaifir des Grands, cette foule d'hommes à gages que le fafte ravit à nos campagnes.

Notes fur les diverfes révolutions des Arts , relativement à l'état des mœurs des Peuples qui les ont cultivés.

SUR LA MUSIQUE.

LA Mufique, ouvrage du cœur & de l'efprit, a toujours dépeint le caractère des Peuples qu'elle a fçu charmer.

Au commencement de la fociété , des airs fimples & champêtres ont dû exprimer les paffions douces & agréables des premiers hommes & des Patriarches; les oifeaux en ont été vraifemblablement les premiers précepteurs : le murmure d'un ruiffeau , le fracas des rivières , les cafcades des montagnes , un tonnerre effrayant ont dû infpirer les premières idées que les tons compofés préfentent à l'ame. L'art de chanter eft peut-être le plus ancien des Arts.

Moïfe élevé en Egypte par la fille d'un Roi, reçut dans cette Nation les principes des Arts

& des Sciences ; il conferva la mufique dans les cérémonies religieufes & dans les affemblées politiques ; fon Peuple fut à peine délivré du defpotifme égyptien , qu'il chanta un Cantique d'actions de grace.

Sous le Roi David , l'Art eft encore perfectionné par un Roi fenfible aux grandes chofes ; celui qui, par une douce harmonie , avoit réprimé les mouvements de colère du Roi Saül, ordonna que Dieu fût honoré au fon des inftruments. On eft furpris des progrès de la mufique chez les Hébreux , en voyant la lifte variée des inftruments qu'ils avoient trouvés ou adoptés.

Les Nations Orientales , toutes dominées par l'attrait du beau, ont cultivé la mufique & trouvé fes règles ; elles l'unirent d'abord à la Poéfie ; l'Art devint alors l'objet d'une nouvelle paffion , elle eut un grand pouvoir fur l'efprit du Peuple , & le chant d'une Ode accompagné de la lyre , put calmer des émeutes populaires.

Mais il s'écoula bien des fiècles avant que la mufique fût portée par les Grecs à ce point de perfection. Il fut un temps où Sparte ne connoiffoit point encore fes attraits ; Terpandre l'établit dans cette Ville , & cet Art acquit infenfiblement de l'élévation , à mefure que les autres fe perfectionnoient.

La légiflation des Grecs reconnut bientôt le pouvoir de la mufique fur l'efprit des Peuples : on fe rappelle ce Muficien qui fut puni pour avoir fait des changements à un inftrument : on craignoit que des fentiments plus variés dans l'Art n'émuffent davantage les paffions.

Les Romains furent moins fenfibles que les Orientaux aux charmes de la mufique. D'un côté, leur langue fe prêtoit moins à la fervir : ils n'avoient point d'ailleurs cette fineffe de fentiment qui caractérifoit les premiers inventeurs des chofes agréables.

Dans les temps modernes, la mufique porte le caractère non feulement des Peuples qui la cultivent, mais celui du fiècle & des mœurs régnantes. En Italie, elle eft douée d'une grande vivacité ; elle a beaucoup de variété dans le fentiment ; on y trouve des mouvements rapides & inopinés ; on reconnoît des paffages d'une expreffion vigoureufe, à une moleffe & à un fentiment de langueur, qui caractérifent parfaitement l'activité des paffions des Italiens & leur volupté tantôt ardente, tantôt molle & inactive, comme c'eft le propre de toutes les fenfations impétueufes.

En France, la mufique a varié comme nos mœurs. Sous Louis XIV, le caractère élevé, la fierté, les vertus héroïques d'un grand Monarque, les grandes paffions de ceux qui l'entouroient, l'efprit de la Nation porté au cérémonial & à l'appareil, avoient donné de l'ame à notre mufique ; elle fçut exprimer le ton régnant & le génie de la Nation : la mufique de nos Temples fut majeftueufe & impofante dans fes expreffions.

Vers la fin du dix-huitième fiècle, le caractère des François a reçu de nouvelles modifications ; le plaifir de la fociété eft plus varié ; les mœurs plus libres & les paffions moins caractérifées : tous ces changements ont paffé dans la mufique. La docilité des inftruments, la variété des

expreffions, & dans la mufique vocale le gazouil-
lement du gofier, les chûtes imprévues, cette
délicateffe exquife difent affez que nos fens
veulent goûter de tout.

Ces obfervations fur les divers états de la
mufique, portent à conclure que le caractère
de la mufique d'un Peuple, repréfente toujours
le tableau de fes mœurs & la trempe de fon
génie. Le génie de cet Art ne dépend donc
point de la qualité des langues, comme l'a écrit
J. J. Rouffeau. La mufique eft l'Art d'émouvoir
les efprits & de peindre la nature par des fons :
le mobile de cet Art c'eft le génie, la langue
n'en eft que l'inftrument. La langue aide fans
doute infiniment à l'Artifte. Quand elle eft douce
& flexible, quand fa prononciation eft aifée, elle
fert infiniment au génie de l'Artifte ; alors il ex-
prime plus aifément ce qu'il fent & dans le même
ordre qu'il le fent ; la langue harmonieufe des
Grecs perfectionna la mufique & en fut perfectionnée ; mais le caractère de cet Art dépendra
toujours du génie de l'invention & de la
trempe des efprits, qui font le feul agent dans
la compofition.

Quand les Peuples font arrivés à cet âge de
dépravation, emmené par diverfes circonftances,
& deftructeur des ouvrages du génie, la mufique, comme les autres Arts, change de maniè-
res ; des beautés naturelles qui avoient fçu charmer tout un fiècle perdent leur éclat. Comme
dans la Littérature, on demande d'elle ce clin-
quant, ce merveilleux, cet affecté, & ce précieux
qui annoncent que les efprits font fatigués des
belles chofes.

· Des Artistes supérieurs soutiennent notre mu-
sique dans toute sa splendeur ; mais prenons garde
à ces âges d'indifférence & d'un goût dépravé :
ils nous rappellent l'insensibilité de Rome fati-
guée des beautés qu'elle avoit produites : des plaisirs trop vifs jettent le Public dans l'indifférence
de tous les chef-d'œuvres.

HISTOIRE DU THÉATRE,

Relative aux révolutions morales des Empires.

AU commencement, les Peuples ne sont sensibles qu'à ces réjouissances, où l'adresse & la
force du corps sont en action. La gymnastique,
parmi les Anciens ; les tournois, parmi les
Modernes, étoient en usage dans les Empires
encore nouveaux.

Pour former des théatres, il faut qu'une
grande variété de passions anime tous les ordres
d'un État, le goût de la représentation, l'amour
du plaisir, une imagination perfectionnée, préparent les esprits à cette sorte de divertissement.
Les Grecs à qui la nature avoit donné un génie
hardi & inventeur, capable de saisir dans la
nature les formes agréables, le grand & le beau,
en trouvèrent les premiers, les loix & les modes. Euripides, Sophocle & Aristophane déter-
minèrent ces règles.

Quand Rome eut goûté les usages orientaux,
& perdu son amour de la simplicité, elle devint passionnée pour les grands spectacles ; elle

y trouvoit le tableau des révolutions qui l'avoient autrefois animée ou qui l'occupoient encore. A la vue de cet attrait univerfel des Romains pour les jeux & les fpectacles, Juvénal, qui obfervoit la décadence des mœurs, ne peut s'empêcher de s'écrier : *le Peuple qui créoit autrefois les Confuls & les Généraux, eft content aujourd'hui, pourvu qu'il ait du pain & des fpectacles.*

Enfin nous n'avons eu en France des fpectacles, que dans cette feule circonftance où la variété des plaifirs & des paffions ont pu créer les Corneille, les Racine, ou Molière.

L'époque la plus remarquable de l'hiftoire des théatres, eft ce temps où les grandes paffions, qui forment l'art, n'ont encore que des objets élevés. Quand dans la Grèce, à Rome & en France, les efprits perdirent leur ancienne rudeffe, quand ils furent animés par de grands intérêts, & que des Empereurs ou des Monarques portèrent les Citoyens à de grandes chofes, & infpirèrent à un Peuple non encore corrompu, le goût des Arts, des conquêtes, de la civilifation & des nouvelles paffions, à cette époque les théatres des trois Nations n'eurent d'autre objet que d'élever l'ame des Citoyens, infpirer l'honneur & le defir des belles actions, & frapper de ridicule le vice ou les préjugés.

Mais quand le génie des Nations fe porte vers d'autres objets, quand les mœurs dégénérées infpirent de nouveaux goûts, quand furtout l'efprit de perfifflage & une infenfibilité générale fur les intérêts de la Patrie, caractérifent des Citoyens fatigués des beautés antiques & naturelles, on demande des beautés factices.

Rome témoigne alors fon infenfibilité pour fes premiers chef-d'œuvres ; un Public fatigué du grand, du vrai ou du fublime, auxquels fes habitudes ne peuvent plus s'élever, applaudit à des allufions criminelles, à des maximes fcandaleufes & pernicieufes à l'Etat & aux anciens principes. De nouvelles peintures qui ne copient plus la nature, amolliffent le cœur & l'éloignent des objets vrais & fublimes.

En France, l'adminiftration lutte fans ceffe contre les efforts du mauvais goût, on doit faire l'éloge des nouveaux cenfeurs de nos mœurs, qui éloignent des regards des Citoyens le vice en action & confervent notre théatre dans la plus grande décence poffible.

Du caractère de la Littérature dans les diverfes époques des mœurs.

LA Poéfie & la Littérature, dans leurs premiers progrès, célèbrent d'abord les réjouiffances champêtres, & les plaifirs naturels d'un Peuple encore fimple ; une franchife ingénue & des portraits fidèlement copiés de la nature même forment le caractère de la Littérature naiffante. Mais quand il s'élève un Monarque ou un Céfar fenfible au plaifir, à la magnificence & à la domination, la Littérature étend fon empire ; fon génie s'élève, le goût s'épure. L'ame des Ecrivains reçoit de l'énergie, les grands évènements infpirent de grandes idées & forment les Ecrivains. Des ennemis vaincus, des Sectes humiliées, une feule Religion triomphante,

des Provinces conquifes, le fafte & la repréfentation des Grands, le cérémonial d'une Cour
magnifique & voluptueufe, tous ces objets qui
fe fuccèdent chez les Peuples qui paffent dans
l'état d'une plus grande civilifation, donnent
de nouvelles idées, créent les langues & les for-
cent à exprimer ce que l'efprit imagine & ce
que le cœur fent ; c'eft néceffairement dans la
Littérature comme dans l'Empire, l'âge du grand,
du beau & du fublime.

Mais quand tous les portraits font terminés,
qu nd l'amour de la gloire & de la renommée
eft éteint, quand un égoïfme deftructeur crée
les paffions privées & étouffe l'enthoufiafme des
grandes chofes, l'efprit humain opère auffi d'une
autre manière, non qu'il foit capable des mêmes
efforts, mais parce que les mêmes circonftances
n'exiftent plus, & que l'empire a pris une autre
fituation ; les nouvelles paffions fubftituées à
celles du fiècle précédent, changent le goût, la
Littérature prend le ton & le caractère dominant.

Les fymptômes de la Littérature expirante
font d'abord peu apparens : un certain bel-efprit
fe gliffe dans la république des Lettres, où
règnent encore des beautés ingénues & naturelles ; enfuite viennent les jeux de mots, le
ftyle épigrammatique, l éloquence empoulée
& maniérée, & les penfées fines ; la Poéfie
perd fon génie, fa marche eft fententieufe, fes
expreffions font alambiquées & entortillées; elle
offre des pointes, des jeux d'efprit, & tous les
faux ornements d'un génie dépravé ; à cette
époque il ne refte à la Littérature chancelante
qu'un peu de babil, & elle expire.

Alors on ne goûte plus les beautés naturelles de l'âge d'or des Lettres ; la majesté de l'ancienne éloquence passe pour de la déclamation ; les Ecrivains ne pratiquant plus qu'un Art aisé pullulent de tous côtés ; d'une nuée d'Auteurs s'élèvent des intrigants & des ambitieux qui ont l'audace de rapporter tout à eux-mêmes , & usurpent l'empire des Lettres. Alors se forment les Sectes, la discipulomanie agite & tourmente les chefs. Tout ce qui ne suit pas l'étendard, est nommé profane ; & les corrupteurs du bon goût triomphent de la nature & des chef-d'œuvres des grands hommes qui ont dépeint ses beautés. Ainsi la République des Lettres voit dans son sein des révolutions semblables à celles qui arrivent aux Etats populaires, où la dépravation & le vice détruisant toute énergie , font passer l'Empire à un ambitieux qui enchaîne bientôt les restes de la liberté nationale. Je donnerai ailleurs les preuves de fait de cette marche de l'esprit humain, observée dans l'étude chronologique des Auteurs anciens : craignons qu'une partie de ces maux, & peut-être tous ensemble, n'affectent un jour la Littérature Françoise. Notre siècle a vu paroître des beautés antiques & naturelles, mais aux âges du bon goût succèdent toujours des périodes de dépravation.

Alors la langue a perdu ses figures, son ton énergique ou passionné : il se trouve moins d'objets susceptibles d'éloquence , l'art de sçavoir étouffe l'art des peintures ; & comme dans toutes les Nations un despotisme outré suit ordinairement le siècle du goût , des plaisirs & de la magnificence; la nouvelle fervitude réprime les faillies du génie ; l'égoïfme avilit l'expreffion. La langue d'un Peuple libre & conquérant fous un Héros, perd fa force fous le defpote ; & la pitié qui n'a plus d'accès dans le cœur d'un égoïfte, n'en peut faire fortir la fenfibilité.

Ce n'eft donc point la conftitution du Gouvernement qui feule forme le caractère des langues, comme le croit J. J. Rouffeau. Nous avons vu des Républiques & des Monarchies créer des idiômes & produire des chef-d'œuvres dans tous les genres : les mœurs feules, les vertus & les paffions font l'ame & le principe du langage.

En France, la langue a toujours exprimé l'état de nos mœurs, déjà nous l'avons forcée à rendre nos vices, nos vertus, nos paffions & notre caractère : nous avons des chef-d'œuvres dans le pathétique, le fublime, le touchant, le naïf, le profond, le léger & volage, le badin, le tragique. Tous nos goûts, toutes nos inclinations ont été exprimés, & la poftérité pourra fçavoir par nos feuls écrits ce que nous avons valu.

De l'état des Sciences & de leurs époques, relativement à l'état des mœurs des Peuples qui les cultivent.

QUOIQUE le cœur ait peu d'influence fur les travaux de l'entendement qui agit feul dans la perfection des Sciences phyfiques & mathématiques, il faut avouer cependant que les Peuples font que les mœurs des Peuples font le grand agent de leur progrès, de leur abus & de leur décadence.

Quand la fociété paffe à une plus grande civi-lifation, quand toutes les paffions agiffent avec énergie dans l'Empire & que les mœurs com-mencent même à fe corrompre, alors arrive la première époque remarquable des Sciences ; l'efprit humain auparavant, dans la jeuneffe, ne s'occupant que de l'agréable, femble fortir de fon enfance ; il fert, par la perfection des Sciences & des Arts & Métiers, à la volupté nationale ; le befoin des jouiffances nouvelles le rend toujours plus induftrieux ; alors la Phy-fique, la Métallurgie, la Chymie prêtent leur fecours aux Arts & Métiers ; on voit paroître de nouveaux chef-d'œuvres.

L'abus des Sciences arrive bientôt, & quand la corruption des mœurs a rendu les efprits au-dacieux, on emprunte leurs principes pour ren-verfer la morale, les croyances religieufes, & les principes conftitutifs de la politique. Alors s'élèvent,

A Athènes, un Epicure qui veut deviner l'origine du monde qui établit l'éternité de la matière & le mouvement des atômes, renverfe le culte des Dieux, établit des Académies & des Sectes pour foutenir fes idées;

A Rome, un Lucrece qui renouvelle le fyf-tême oriental, nie la Providence & parle témé-rairement de l'Etre-Suprême;

A Paris, un Auteur du fyftême de la nature, le plus audacieux des Ecrivains, qui veut nous ravir une croyance précieufe ; mais raffurons-nous, l'âge d'une dépravation confommée n'eft

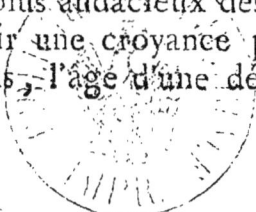

B

point encore arrivé parmi nous : ce livre abo-
minable n'eſt point l'ouvrage de nos mœurs, il
a révolté tous les Ordres de la Nation, le nom
de ſon Auteur eſt un problême ; il n'a point
oſé avouer ſon ouvrage : cette production
eſt encore déplacée en France.

Telle eſt donc la marche des Sciences exactes ;
quand l'eſprit humain eſt incapable d'enfanter
des productions agréables, il paſſe dans une ſorte
d'âge viril, il ſe tourne du côté de l'utile ; mais
la dépravation qui porte par-tout l'abus & la
deſtruction, perd encore tôt ou tard cette partie
des Lettres.

De la marche naturelle de l'Eſprit humain.
  Continuation de la Note précédente.

Au contraire quand la corruption des mœurs
ne dérange point la marche de l'eſprit humain,
& n'altere point le goût ; quand, pour ainſi dire,
l'entendement eſt abandonné à ſes propres forces, on reconnoît trois révolutions importantes.
dans la République des Lettres.

I... L'eſprit humain ne parvient point tout-
à-coup, dans les Nations qui s'éclairent, à des
lumières profondes ; il ne peut ſaiſir d'abord les
penſées fortes ; l'imagination eſt encore puſilla-
nime ; mais la mémoire agit la première & ſe
montre avant les autres facultés : dans les Sciences phyſiques & morales, elle fait une grande
collection d'expériences & d'obſervations qui
deviennent la baſe de l'édifice futur des connoiſſances humaines. *L'érudition domine alors*

dans les différentes classes des Sçavants ; c'est la première époque des Lettres & la première gloire des Peuples qui les cultivent. Voyez en France, combien de Sçavants dans les anciennes langues, de froids Commentateurs, des Erudits, des Scholiastes & des Traducteurs ont précédé le beau siècle de Louis XIV.

II... Mais quand l'imagination se développe quand les grandes passions élèvent le génie ; l'Eloquence & la Poésie, la belle Littérature & les Arts succèdent aux Erudits & aux Docteurs. Athènes, Rome & Paris voient sortir de leur sein, des ouvrages immortels qui doivent plaire à toutes les Nations.

III... Enfin lorsque toutes les formes des tableaux sont épuisées, quand on sçait tout ce que l'érudition peut apprendre, quand l'imagination ne peut plus s'élever, il ne reste plus à l'esprit national que de comparer des faits acquis. La froide raison l'emporte alors sur la mémoire & l'imagination ; elle enfante la Philosophie, & commence la troisième révolution des Lettres.

Alors paroissent à Rome un Sénèque le Philosophe qui, substituant des vérités profondes, un style sententieux, à la délicatesse & au naturel de l'âge précédent, donne un nouveau ton à son siècle ; où ce Tacite profond raisonneur, dont les histoires & l'ouvrage sur les *mœurs des Germains*, (allusion philosophique) sont pleins d'énergie & ornés de raisonnements sur l'origine, la gloire & la chûte des Empires, qu'on ne pouvoit exposer que dans cette seule époque de la Littérature Romaine. Alors s'élèvent à Paris les Auteurs de l'Efprit des Loix & de Phocion, ouvrages immortels qui fuppofent les Grotius & les Puffendorf des fiècles précédents, ou bien cet Auteur d'Emile, dont le génie annonce encore une multiplicité d'ouvrages fur l'éducation, la politique & la morale, qui avoient inondé les temps paffés, & fur lefquels il avoit profondément réfléchi.

C'eft le propre de la corruption générale d'un Empire, qui influe tant fur le génie ou les opinions des hiftoriens, d'arrêter cette marche naturelle de l'efprit humain, ou d'altérer, par de faux principes, les productions des trois âges, la Philofophie épicurienne des Grecs, la Littérature & la Philofophie du dix-huitième fiècle, ont éprouvé fes coups; combien d'Empires n'ont vu que la première époque des Lettres; parce qu'une dépravation anticipée les jetoit dans la barbarie! peu de Nations enfin ont joui des charmes du fecond âge.

Ces trois époques de l'efprit humain fe trouvent également dans l'hiftoire des progrès de cette partie des Lettres qui traite des Sciences exactes. La Nation qui les accueillit voit paroître d'abord les Sciences Mathématiques; ce font les Sciences mères qui n'ont befoin d'aucune obfervation fondamentale, ni du fecours d'aucun autre genre de fçavoir pour leur progrès. Elles donnent elles-mêmes des principes à l'Aftronomie, à la Phyfique, à l'Hydraulique; ainfi les Mathématiques, l'expérience & l'obfervation locale deviennent la bafe de l'édifice des Sciences.

L'âge de l'imagination & du génie arrive alors;

& toutes les Sciences fe prêtent des fecours.
Boerhaave, le flambeau de la Chymie & de la
Phyfique à la main, décrit les phénomènes du
corps humain ; Nollet entraîne toutes les Sciences à fon fecours, pour expliquer les phénomènes de la nature ; & la Chymie élevant fes
vues & généralifant fes principes, embraffe la
nature entière. Notre fiècle obferve dans ce moment les progrès & le réfultat d'une fublime
expérience que la comparaifon de l'air & du
gaz a fait imaginer ; ainfi cette maxime qui
dit : *qu'une feule efpèce de fcience doit être culti-
vée par les Sçavants, & qu'on ne doit s'occuper
que d'un feul objet*, eft un principe faux &
gothique, évidemment nuifible au progrès des
connoiffances humaines & démontré nul par
l'Hiftoire des Sciences.

Sur le Caractère belliqueux, & fur les Conquêtes des Romains.

On a fouvent déclamé contre l'efprit deftructeur, l'ambition & les guerres interminables des
Romains ; mais une feule remarque fuffit pour
démontrer qu'ils ont été les bienfaicteurs de
l'efpèce humaine.

Quelle étoit la condition des hommes, quand
Rome s'éleva parmi les autres Nations ?
Une infinité de petits Defpotes qu'elle détrôna,
tourmentoit en détail l'efpèce humaine ; ils
étoient perpétuellement aux prifes les uns contre les autres ; toujours ils luttoient contre leurs
fuccès réciproques, & ne fe repofoient que lorf-

qu'ils étoient réduits à un état d'impuiſſance.
Tel étoit le caractère de preſque tous les Peuples
policés, quand Rome, devenue puiſſante par ſes
vertus & ſa pauvreté, aſpiroit à la conquête du
monde.

Dans cette célèbre ambitieuſe, je vois, il eſt
vrai, une grande paſſion pour les conquêtes ;
je vois un Sénat qui ne reſpire que pour la
deſtruction des Empires, qui eſt maîtriſé par
ſes haines implacables, & à qui des guerres ſan-
glantes ne coûtent rien.

Mais tôt ou tard le ſuccès des armes termi-
noit ces guerres ; les générations ſuivantes jouiſ-
ſoient de la paix, les Deſpotes étoient emme-
nés captifs à Rome, & la terre purgée peu-à-
peu, étoit ſoulagée du fardeau des tyrans. Un
nouveau ſyſtéme de politique toujours fondé ſur
l'amour de la Patrie & de la vertu, gouvernoit
les hommes ; la paix ſuccédoit à des guerres
inteſtines & interminables, & le barbare deve-
noit *Citoyen Romain*. Il eſt beau de voir la
valeur & la vertu parcourir la terre, & tra-
vailler en grand au bonheur des hommes ! Dé-
tracteurs des Romains ! montrez-moi un tableau
de l'Univers plus intéreſſant : dites-moi dans
quel âge l'humanité fut plus heureuſe & plus
reſpectée !

Les anciens Peuples étoient tous dominés par
l'eſprit des conquêtes. Les Romains ont tem-
péré dans les Empires cette folle paſſion ; ils
ont, pour ainſi dire, affoibli le génie martial :
l'Europe moderne nous offre des Fondateurs de
pluſieurs Royaumes, & des Héros qui ont en-
vahi des Provinces ; mais le ſyſtême des con-

quêtes n'a pu se soutenir chez aucun Peuple,
comme parmi les Anciens. Nous devons aux
Romains cette révolution morale dans l'esprit
des hommes ; ils ont établi, par leur destruction
même, un autre ordre de choses, & de nouvelles situations dans les Etats, qui ne permet-
tront jamais à un fougueux Alexandre d'enchaîner les Nations, ni à la politique avisée
d'un second Sénat, de préparer sourdement les
chaînes des Peuples.

*De la Politique intérieure dans les diverses époques
des Mœurs des Nations, & de l'amour des
Richesses.*

Les Peuples vieillis dans le vice, sont toujours
sans nerfs comme sans caractère ; les Peuples
vertueux au contraire soutiennent un système
de politique dont les principes fondamentaux
sont invariables & indépendants des circonstances;
l'orgueil des Chefs, l'ambition, le désir des
conquêtes dominent cependant quelquefois dans
leurs Conseils ; mais c'est toujours un grand caractère & une volonté énergique qui font l'ame
des opérations politiques.

Les maximes d'un Peuple corrompu n'ont
pas cette constance ; quand il a perdu son caractère primitif & naturel, la Nation est
perpétuellement agitée par la versatilité de ses
principes. Elle n'a aucun caractère fixe, mais
elle les affecte tous, selon le besoin du moment
& les circonstances ; de petits complots inconnus deviennent les mobiles des affaires les plus

B 4

importantes ; le Négociateur eft obligé de pénétrer le détail obfcur des petits manèges ; l'intrigue doit fuppléer au poids que donneroient la
véritable force de l'Empire & la ftabilité des
principes.

A cette époque , Souverains , Miniftres ,
Citoyens , tous font corrompus ; le Confeil national ne connoît que des palliatifs ; l'intérêt
du moment détermine feul les grandes affaires.,
on ne voit pas où tend la corruption de tous les
Ordres d'un Empire ; on refufe même d'exami-
ner quelles feront les fuites; dans le befoin pref-
fant , on emploie les demi-moyens , & on veut
finir l'année en vivant au jour la journée.

Toute vue de bien public paffe pour une vue
fyftématique; s'il refte un Citoyen d'un caractère fimple , grand & fincère , & qui ne dément
jamais fes principes , il eft déplacé ; un efprit
de perfifflage qui fe joue de tout, le frappe de
ridicule : l'homme d'intrigue qui emprunte tous
les caractères , eft le feul homme du temps. Si
Numa , Lycurgue & Solon s'élevoient encore ,
leurs fyftêmes pafferoient pour de beaux rêves
de politique : *après nous le déluge* ; tel eft le
cri & le fentiment du fiècle de la corruption
& de l'égoïfme. Rome dégradée eût encore trouvé de fages réformateurs ; mais habituée à fes
excès , fes vices mêmes lui étoient devenus néceffaires ; & quand le crime eft devenu néceffaire , les Nations ne connoiffent plus aucun
genre de remède. Rome dépravée appelloit
alors les defcriptions de fes malheurs, *les pref-*
tiges de l'hiftoire & l'ouvrage des efprits mé-
contents.

Les Peuples puiffants en manèges & en rufes, s'amolliffent tous les jours de plus en plus & dédaignent la profeffion des armes ; tôt ou tard ils font maîtrifés par les évènements : dans leur étourderie, les Chefs des Nations ofent appeller la vraie décadence de l'Empire , *un malheur des temps* , & feignent d'ignorer qu'elle eft en partie leur ouvrage ; il fe trouve même des fophiftes & des panégyriftes de l'erreur politique dominante , qui cachent aux yeux du vulgaire les caufes du déclin & de la calamité publique.

Comparez l'anxiété de ces Etats chancelants, à la marche fière &' affurée des Peuples vertueux ; voyez la véritable force de Rome dans fa fimplicité & dans fes champs : fa pauvreté feule pouvoit conquérir l'Univers. Quelle élévation dans fes principes & fa politique ! jamais elle ne pofoit les armes que quand la gloire de l'Etat étoit fatisfaite ; fes revers ne la jetoient point dans la confternation , ni fes fuccès dans des accès d'une infolence inutile : elle rendoit heureux les Peuples conquis : fes anciens ennemis devenoient fes frères & fes enfants.

Comparez ce caractère à celui d'une Nation dégénérée, qui ne conferve fon fol que par la protection d'un voifin & la convenance des circonftances ; qui s'humilie tous les ans devant fon défenfeur ; achete ou mendie une exiftence qui ne dépend que de l'intérêt du moment : cette Nation fera tôt ou tard renverfée par la mobilité des circonftances mêmes qui la foutiennent. Dans cet Empire , les principes de morale , l'honneur, cet aiguillon des grandes chofes, & la valeur qui fait refpecter les puiffances militaires, font fans nerf; l'or eft le mobile de tout, & comme l'amour du devoir n'a plus de puiffance, la politique récompenfe avec cet or les fervices rendus à la Patrie ; l'adminiftration du numéraire devient une fcience compliquée, il faut trouver l'art de le répandre par une infinité de canaux & de le repomper l'année d'après, par des opérations fifcales. Cette circulation affoiblit les nerfs de l'Etat & le jette enfin dans la débilité & l'impuiffance.

Voyez dans quel état fe trouvèrent les finances de Rome, quand le Peuple fut obéré d'impôts, pour foutenir le luxe de la Capitale & fatisfaire les vices de tant de voluptueux : on vit des Peuples entiers vendre leurs enfants, & fe vendre eux-mêmes, pour un temps, afin de payer la taille & l'ufurier ; cet ufurier étoit toujours le Receveur lui-même. Voilà où le vice conduifit tant de Chevaliers Romains chargés de l'adminiftration des deniers publics. Les autres Citoyens qui ne vendirent ni leurs enfants, ni leur liberté, perdirent leur vertu & leur honneur. Rome ne connoiffoit au commencement que des Laboureurs & des Soldats ; mais l'ufage de l'or inventa cette nombreufe fuite de gens de fervice que l'Europe moderne appelle aujourd'hui Ecuyers, Pages, Intendants, Maîtres-d'Hôtels, Valets-de-Chambre, Laquais, Valets-de-pied, Suiffes, Portiers, Piqueurs, Coureurs, Cochers, Poftillons, Palefreniers, Valets d'écurie, &c. &c. Cette nuée d'hommes que le plaifir arracha à l'agriculture, fut dévouée au fervice d'un feul ; & on appella Citoyen de bonne compagnie, le Romain environné de cette foule de ferviteurs.

Voyez Lucullus, le plus grand corrupteur de sa Patrie, il croit vivre en sage, quand il surpasse, dans l'oisiveté, le luxe des Rois de l'Asie qu'il avoit vaincus & dépouillés.

Des Mœurs & Usages dans les Etats-Unis de l'Amérique.

Il règne dans ce nouvel Etat une médiocrité générale, la répartition des biens est telle, qu'il s'y trouve peu de grands propriétaires de terres. La plus grande partie des Citoyens s'occupe de la culture des champs, l'esprit de la Nation est porté vers l'utile, plutôt que vers les choses agréables.

On ne peut ambitionner dans cette République aucune charge trop lucrative, les Législateurs ont ordonné qu'on en diminueroit la finance, quand l'emploi exciteroit la cupidité de plusieurs ; ainsi tandis qu'on crée les Offices lucratifs en Europe, en Amérique on les supprime, comme des objets qui ravissent à la Patrie de bons Citoyens, & les jettent dans la servitude.

Les emplois militaires finissent avec la guerre. Quand je vois le grand Washington se retirer après la défaite de ses ennemis, il me semble retrouver en Amérique ces héros de vertu & de valeur de Rome vertueuse, qui passoient de l'armée au ménage des champs.

Les titres de Noblesse se trouvent en Amérique dans l'utilité publique, plutôt que dans une longue succession d'aïeux ; le Laboureur &

l'Ouvrier y font très-honorés. Dans les anᶻ ciennes Puiſſances Européennes il faut ſans doute des rangs élevés pour la repréſentation nationale & le maintien de l'autorité ; mais l'Amérique qui doit ſon exiſtence politique à la haine de l'oppreſſion & à la tyrannie des Grands, ne peut ſouffrir encore de long temps leur empire. Il y a peu de diſtance de leur domination à cette tyrannie, ces Peuples courageux qui avoient dit : *s'unir ou mourir*, ne ſupporteront point encore le deſpotiſme des Grands.

Pour ce qui eſt de la Littérature, on doit avouer que ſes charmes n'ont pu être ſentis encore dans le nouveau monde. C'eſt que le règne des Arts & de la Littérature ſuppoſe des Peuples vieillis dans une longue ſuite d'habitudes antérieures, néceſſaires à leurs progrès. Tant que l'Europe ſera habitée par des Peuples riches & voluptueux, & l'Amérique par des Citoyens vertueux & pauvres, les Etats-Unis n'auront jamais à redouter l'incurſion des Littérateurs qui s'attacheront toujours aux Puiſſances qui les honorent & les récompenſent. Auſſi ne connoît-on dans le nouveau monde, que les Sciences favorables à l'Agriculture & aux Métiers ; les ouvrages américains manquent tous de ce goût badin, volage, léger, ou agréable qui caractériſent quelquefois nos productions littéraires ; tout ſe reſſent du génie national, tant il eſt vrai que les mœurs influent toujours ſur le caractère des Lettres.

L'eſprit humain fuit donc en Amérique, dans ſa marche, l'ordre inverſe qu'il préſente dans les autres Nations, où l'imagination des Poëtes ſe

développe avant cet entendement froid & rai-
fonneur, qui crée les Sciences exactes. Il eſt
donc arrivé dans cette nouvelle République,
comme dans celle de Hollande & de la Suiſſe,
où la tyrannie ne pouvant foumettre des Citoyens
qui n'étoient point préparés au deſpotiſme, créa
des eſprits républicains que le beſoin rendit pro-
fonds & ſtables dans leurs fentiments. L'âge des
connoiſſances utiles dans les Républiques de
cette eſpèce, doit ainſi précéder celui d'une
littérature qui n'a pour objet que le plaiſir ou
l'agrément ; & malheur aux faux Sçavants Euro-
péens, que de femblables eſprits doivent juger,
ils verront encore de leur vivant leurs productions fuccomber à l'analyſe d'un eſprit qui rai-
fonne & qui a le talent de dépouiller un ouvrage des fuperfluités, des idées hafardées, &
des fauſſes conféquences.

L'Amérique n'a donc aucun des vices qui dominent dans l'ancien monde, & fa légiſlation
femble lutter fans ceſſe contre les vices étrangers ; mais elle doit veiller encore davantage
fur elle-même, & fe défier de fes propres vertus, s'il eſt permis de le dire, comme un jeune
homme qui arrive dans le monde, & s'avance
vers l'âge de la maturité.

En effet notre caractère & notre propre perfonne font plus redoutables que les vices étrangers.
La foibleſſe & la faute font dans nous-mêmes : les
mauvais exemples ne font que de fimples occa-
fions, que la feule volonté & la raiſon peuvent
rendre impuiſſants. L'amour de la nouveauté,
celle de toutes les paſſions qui a corrompu le
plus grand nombre des Républiques, eſt dans le

cœur des hommes; nous sommes maîtrisés par une certaine curiosité de l'esprit & une propension naturelle, qui domine sur-tout dans les femmes, à changer d'habitudes, d'où s'ensuit insensiblement l'altération du génie primitif des Peuples.

Célèbres Colonies, que la vertu & l'amour de la liberté ont élevées au rang des Empires respectables ! Nouvelle Amérique, dirigée par des Sages & par le génie de l'immortel Franklin, n'oubliez jamais que Sparte, la plus austère des Républiques, perdit bientôt son caractère primitif, que l'amour des nouveautés lui suggéra de mauvaises maximes; éloignez de vous les prestiges des Arts, laissez aux Peuples riches & fatigués de plaisir le soin de les cultiver. Qu'un Général d'armée ne conserve point long-temps parmi vous son autorité, & ne permettez pas qu'il s'enrichisse des dépouilles de l'ennemi vaincu, ni qu'un Citoyen élève à côté de vos chaumières, des forteresses ou des châteaux.

Défiez-vous de l'Europe & de ses mœurs, l'Orient a toujours corrompu les terres occidentales : éloignez de vous ces Manufactures nombreuses & variées qui introduisent un luxe destructeur, font languir l'agriculture, rendent la science du Gouvernement plus compliquée, éloignent la simplicité antique, établissent dans l'Etat une trop grande variété dans les mœurs.

Renoncez aux titres de conquérants, l'ambition & la passion des victoires ont perdu les Nations asiatiques & les Romains, elles ont jeté aux abois tous les héros des Empires modernes : vous êtes assez puissante pour repousser toute inva-

fion ; & fi vous êtes pauvre & fimple, vous
n'aurez point d'ennemis à combattre, les horreurs de la guerre n'épouvanteront jamais vos
femmes ni vos enfants, & vos Citoyens ne ré-
pandront jamais le fang humain pour une vaine
gloire. Soyez ferme dans les principes de votre
politique ; dirigez ces principes vers le bonheur des hommes & la tranquillité de la vie ;
réprimez les efforts de la cupidité, tempérez les
paffions fortes qui remuent les efprits, que la
fobriété paroiffe même dans vos feftins ; appel-
lez l'ivreffe un crime honteux, & le libertinage
une paffion déshonorante. Eloignez de vous,
comme Rome vertueufe, les fophiftes & les
athées ; brûlez leurs productions, elles ont in-
fecté l'Europe, qui ne reviendra peut-être jamais
à de meilleurs principes.

Si vous confervez parmi vos Citoyens l'égalité des rangs, & cet amour de la liberté qui en
eft le principe, s'il n'eft point parmi vous des
Grands luxurieux, prenez garde à vos Capitales ;
les Peuples que les Grands n'ont point corrompus, l'ont été par les Villes où des Cultivateurs
viennent goûter les plaifirs nouveaux, & les font
paffer dans les campagnes. Ces Villes s'étendent ;
on dit alors que les Arts les rendent floriffantes,
& l'Empire, fuivant les traces de tous les Empires du monde, s'achemine vers la décadence.

*Sur le Caractère des Habitants de la Capitale
& fur les Mœurs de nos Provinces.*

DANS les Capitales les paffions font trop

enveloppées : le cérémonial, les plaisirs, toutes les pratiques de la société ne paroissent que sous des formes empruntées.

A mesure qu'on descend des plus hauts rangs de la société, vers celui de l'humble Laboureur, & qu'on passe d'une Capitale dans l'intérieur d'une Province, le caractère naturel du Peuple se développe davantage : une plus grande égalité dans les conditions conserve une plus grande indépendance. Les Citoyens des petites Villes se rencontrent à chaque pas, & s'observent toute la vie. Les succès dans la fortune y sont rares, mais ils doivent être accompagnés d'une grande prudence, pour que la jalousie du voisin ne témoigne son impatience. La haine ne peut se déguiser long-temps dans leurs sociétés ; & les esprits plus fiers, ayant moins à craindre des supérieurs & des égaux, ne cachent pas toujours leurs petites vengeances : souvent ils affectent d'apprendre à un ennemi d'où lui vient le coup.

Dans l'ordre des Cultivateurs, les hommes sont encore plus vrais : rien n'est caché parmi eux, les haines sont héréditaires, & les vengeances souvent préparées depuis long temps ; tous les cœurs sont ouverts, & tous les projets communiqués ; il n'existe aucun secret dans le Village, la seule sang-sue populaire, quand elle y règne, ne dit pas son mot.

Si les passions de ce Peuple en général vertueux étoient aussi communes, aussi variées que dans les Capitales, l'homme seroit comparable, dans cet ordre de la société, à cette classe de bêtes féroces toujours affamées de sang

&

& de carnage ; mais la nature a établi une juste balance entre le nombre & la force des passions qui dominent dans les divers rangs de la société : dans les grandes Villes ces passions sont infiniment variées , mais elles sont en général foibles & sans caractère bien assuré : dans les campagnes au contraire elles sont plus véhémentes ; mais elles sont très-rares : pour un Paysan de mœurs atroces & farouches , vous trouverez une infinité de Cultivateurs naïfs & vertueux.

Les petites Villes de Province méritent toutes l'attention du Philosophe , en ce qu'elles offrent quelquefois , dans une petite enceinte , de grands contrastes ; elles sont environnées de Cultivateurs & habitées par des Citoyens qui ont vu quelquefois la Capitale & en affectent les mœurs : or ces Villes , dans leur petitesse même , sont riches par leur commerce ou leur agriculture , ou bien elles sont devenues pauvres par quelque circonstance locale.

Dans le premier cas , dans les Villes commerçantes , le luxe est toujours en raison des richesses ; une aisance modérée n'altere point les charmes de la vertu toujours simple ; le Citoyen non corrompu par le vice , par l'avilissement , s'y trouve dans un état stable : placé entre la haute Noblesse & l'ordre des Laboureurs , il conserve son indépendance naturelle & son caractère. Voulez-vous jouir de beaucoup de plaisirs bien innocents ? vivez quelque temps dans ces Villes avec la belle Bourgeoisie du Royaume.

Dans les petites Villes au contraire, dont le

C

territoire eft ingrat, la fituation ifolée & le commerce nul ou languiffant, on obferve des mœurs
plus dépravées. C'eft que le befoin s'y trouve
le même, & que les moyens de le fatisfaire y
font plus rares. Comme dans ces Villes il règne
un ton au-deffus de celui du Village, il faut
foutenir ce ton qui approche beaucoup de la
vanité ; mais bientôt le conflit perpétuel qui fe
trouve entre cette vanité & le befoin, prépare
les efprits à l'aviliffement : le riche du lieu,
quel qu'il foit, Seigneur ou roturier, complai-
fant ou brutal, bienfaifant ou avili par fes ufures
ou fes rapines, devient enfin l'idole commune:
c'eft le veau d'or d'Ifraël aveuglé, qui, dans la
détreffe, fe fabrique un Dieu; ou le Coq de
Village dont la force & les allures foumettent
tous les efprits. Malheur à la petite Ville &
à tous les Villages d'alentour, fi ce Coq eft
l'Agent de l'Abbaye, l'Officier d'une Jurifdiction feigneuriale, ou l'Homme d'affaires du Seigneur abfent !

*De l'adminiftration de la Juftice dans les Cours
Royales & dans les Jurifdictions particulieres
des Seigneurs.*

A mefure que les Peuples fe policent & que
les paffions fe multiplient, les formes des
procédures doivent être plus variées. A des
crimes & des intérêts compliqués, il faut op-
pofer les moyens capables de faire reconnoître
la Juftice & la débarraffer quelquefois des pref-
tiges d'une éloquence trompeufe & des entraves

de la cupidité. Dans une grande Monarchie où
se trouvent de grands intérêts & des Citoyens
importants, il faut, je crois, une grande variété
de formes dans les procès, & un plus grand
nombre de Gens de Loi.

En France, cet objet est rempli par les Par-
lements & les Cours souveraines.

Mais lorsque je passe de la Capitale dans
l'intérieur de nos Provinces, & que je trouve
dans chaque Village, ces nombreux Officiers,
& ces formules interminables qui précèdent les
Jugements des affaires populaires, minutieuses &
peu importantes, je ne puis concevoir comment l'esprit de réforme, qui a fait tant de
progrès, a pu tolérer si long temps un si grand
nombre de sang-sues qui appauvrissent nos campagnes.

En général un esprit de droiture, le sens-com-
mun & quelques connoissances dans le Droit,
suffisent pour connoître les intérêts peu compliqués du Cultivateur : une suite de formes la
plupart ridicules & vaines, accompagnent cependant la marche des procès ; la connoissance
de la Justice reste long-temps perdue dans les
longs détours de la chicane ; on voit ces hordes
de Procureurs se tourmenter pour l'envelopper
de formulaires dispendieux, extorquer au simple
Agriculteur son bien le plus liquide, & ne préparer le Jugement, que lorsque le plaideur est
ruiné, ou quand il est réduit aux abois.

Je connois des Bourgs & des petites Villes
abandonnées depuis long temps aux oppressions
des Gens de Justice ; l'esprit des procès y est
héréditaire, le feu de la discorde est allumé par-

tout, les campagnes font incultes & les Payfans
font pauvres ou ruinés ; le Collecteur des Tailles
& l'Agent du Seigneur, ayant épuifé l'art des
concuffions pour retirer les deniers du Roi &
les rentes, ne connoiffent plus de moyens pour
obtenir annuellement la rentrée des fonds.

Dans ces Paroiffes défolées fe trouvent toujours quatre ou cinq Procureurs dans un état de
profpérité ; tous les Villages d'alentour contribuent à les enrichir, ils connoiffent d'ailleurs
l'art de créer des procès, & d'animer les Parties adverfes ; peu font inftruits, dans ces Villages ignorés, dans la légiflation & les Loix ; un
plus petit nombre encore exerce fon art avec
droiture ; féparés du refte de la fociéré, ifolés
dans les campagnes, ils ne connoiffent que de
loin les mœurs régnantes ; ils haïffent la Philofophie qui prêche le langage de l'humanité, &
les Prêtres du lieu qui parlent celui de la
Religion : l'un d'eux obtient quelquefois la confiance du Seigneur abfent, car enfin il faut qu'il
foit fervi ; mais quand il a long-temps oppri-
mé le Pauvre payfan, & comme Agent, & comme
Procureur, il devient Seigneur du Hameau ou
même du Village : ne foyons donc plus furpris
fi les Officiers inférieurs des Jurifdictions feigneuriales font l'objet du mépris & de la rifée publique.

Quand le fyftême féodal dominoit encore,
une Cour nombreufe pouvoit flatter les Comtes
ou les Barons ; ils étoient environnés de tous
ces Gens de Loi qu'ils plaçoient entre leurs per-
fonnes & les vaffaux ; mais alors ne quittant
jamais leurs inacceffibles donjons, le puiffant
Seigneur empêchoit bien fes gens de vexer

un Peuple dont le fuperflu entretenoit fon opulence.

Mais aujourd'hui que le plaifir appelle les Seigneurs dans les grandes Villes, pourquoi refte-t-il dans le Village un fi grand nombre de gens inutiles, fous prétexte de rendre la Juftice?

Je voudrois que la Jurifdiction feigneuriale fût compofée de quatre Avocats feulement, les Parties adverfes en choifiroient deux pour connoître leur caufe & la juger définitivement, les Parties mécontentes pourroient toujours recourir aux Cours Royales. Le Cultivateur qui auroit choifi fon Juge, feroit plus fatisfait de la Sentence : la décifion ne ruineroit point les deux Parties, & la Nation feroit délivrée, j'ofe le dire, d'un véritable fléau ; car ces Gens font tellement multipliés dans les campagnes, que dans chaque Jurifdiction on voit pulluler de tous côtés des Gens de Loi qui ne peuvent fubfifter ou s'enrichir que du plus pur fang du Peuple.

Il eft peu d'affaires parmi le Peuple des campagnes que deux Avocats ne connoiffent à fond dans peu de temps ; rarement elles font compliquées, & quelques actes fuffifent pour reconnoître fon droit : le Payfan ignore d'ailleurs l'art de la féduction. La fimplicité dans l'adminiftration de la Juftice feroit alors dans ces Villages, relative à la fimplicité des mœurs locales ; & le fuperflu ou le néceffaire que le Procureur fçait extorquer du pauvre Cultivateur, feroit deftiné à payer les deniers du Roi & les rentes.

Je ne trouve dans l'Etat aucun intérêt de foutenir cette longue fuite d'Officiers dans les Villages ; les Seigneurs trop fouvent fatigués des

plaintes d'un Peuplé foulé, defirent depuis long
temps une réforme : ils font intéreffés à diminuer
l'oppreffion du Peuple, à ne pas diftraire le Payfan
de fes travaux champêtres, à lui donner les
moyens de payer des rentes & des tailles. Ces
Seigneurs Hauts Jufticiers ne vendent point les
charges de leurs Jurifdictions, la plupart pofent
des entraves contre la cupidité des gens de leur
Cour ; plufieurs jugent eux-mêmes les procès à
l'amiable, en préfence des Parties, & tous s'irritent contre l'oppreffion, quand ils la connoiffent.
L'adminiftration économique de la Juftice,
telle que je la conçois, feroit toujours dépen-
dante de leur autorité, fubordonnée aux Cours
Royales & toujours prête à écouter les plaintes
des Citoyens ; la Juftice feroit rendue dans
peu de temps & à peu de frais ; ne trouve
dans ce fyftême qu'une grande amélioration
de leurs terres ; je la propofe parce que, fi
fous un Monarque gouverné par l'amour de
fon Peuple, les Théatres peuvent hardiment
frapper de ridicule les vices de la fociété, les
obfervateurs des mœurs peuvent propofer auffi
des projets de réforme.

Que j'aime à me repréfenter encore ce tableau
touchant bien digne du pinceau de M. Greuze !
Un grand Seigneur de la Cour, connu par fa
droiture & fa bienfaifance vifitoit fes terres : il
laiffoit approcher de fa perfonne le Laboureur
& l'Artifan ; il écoutoit les plaintes des malheureux, & rendoit la Juftice comme le bon-fens
le dictoit.

Un jour vint un bon vieillard tout couvert de
vieux haillons, environné de fa femme & de

fes enfants. La vertueufe famille fe jette à ge-
noux, & le père dit en tremblant : *Monfeigneur,*
vous voyez en moi un de vos Payfans que la Juf-
tice du Village a réduit à la misère ; autrefois
cependant j'étois riche dans ma chaumière : je
payois vos rentes & les deniers du Roi , j'élevois
chrétiennement mes enfants , & je nourriffois
ma famille ; aujourd'hui les champs que j'enfe-
mençois ne font plus à moi, la Juftice a tout
enlevé pour payer une modique fomme que je de-
vois ; elle a décrété ma vigne , mon champ
& mon jardin : ma propriété auroit payé dix
fois ma dette ; cependant la Juftice a tout faift,
& il ne me refte qu'une femme & des enfants
que mes bras ne peuvent alimenter. Ah! Mon-
feigneur , fi vous vouliez me protéger , fi je de-
venois propriétaire de mon jardin, de mon champ
& de ma vigne , je paierois encore de grand
cœur la rente que je vous dois ; nous bénirions
tous votre vertu, moi, ma femme & nos en-
fants !

Je connois votre affaire, répond le Courtifan:
j'ai mandé celui , à qui vous deviez la modique
fomme, & qui, par la faifie, s'eft emparé de votre
propriété ; il m'a montré cent pièces de papier,
unique fondement de la faifie ; je les ai pris ,
mon ami, ces papiers, & j'en ai allumé un
grand feu : tous font brûlés ; rentrez dans la pof-
feffion de vos biens, & que je vous embraffe.

Un grand nombre de femblables concuffions
avoient foulevé le Peuple dans les Cévènes, il
y a quelques mois ; l'adminiftration vigilante &
active a nommé des Commiffaires pour écouter
le Peuple ; & le Parlement de Touloufe, rou-

jours protecteur zélé de nos campagnes , jugé dans ce moment mille crimes ignorés.

Ici, je reconnois de grand cœur que dans les Jurifdictions feigneuriales , j'ai vu parmi tant de fang-fues , des Gens de Loi d'une grande droiture & qui gémiffent de ces calamités ; quand ceux-ci font éclairés, ils peuvent devenir les bienfaicteurs de la contrée , & font toujours la terreur de leurs confrères peu délicats. Je connois un homme de Loi , héritier d'un bien, autrefois faifi par décret , & qu'il tient de fes pères : il l'a rendu aux anciens propriétaires; c'eft le Juge de l'Argentière.

Etat actuel de la France, & Conclufion.

De tout ce que nous avons dit, il réfulte que les bonnes mœurs font la bafe du bonheur & de la gloire des Empires.

Mais il eft des richeffes d'un autre genre qui contribuent encore à leur profpérité , les unes dépendent de la politique nationale & font factices, les autres font naturelles.

Un Peuple qui ne pofsède que la première forte de richeffe, & ne fubfifte que par fon induftrie & fon commerce, ou qui dans fa foibleffe ne fe maintient que par la protection politique d'un voifin plus puiffant ou d'un allié, n'a qu'une exiftence précaire ; & comme la politique des Peuples eft fujette à varier, & dépend de la mobilité des circonftances , ce Peuple ne peut fe flatter d'une exiftence glorieufe, ni d'une longue durée.

Parmi tous les Empires du monde, il n'en eft aucun aujourd'hui qui ait autant de force natu-

telle que la France : la variété de ſes climàts &
la douce température de ſes plaines, favoriſent
une agriculture floriſſante & une grande population. Toutes ſes richeſſes ſont réelles, elle les
reçoit des mains de la nature même, & ce principe de ſa proſpérité eſt indépendant des préjugés, des inconſéquences d'un Cabinet, de l'inap-
titude d'un Miniſtre & de la verſatilité de la
politique de l'Europe. POPULATION IMMENSE,
ET AGRICULTURE FLORISSANTE; voilà les
fondements de ſa puiſſance. Les mœurs de ſon
Peuple ſont d'ailleurs moins dépravées que celles
de nos voiſins ; quand on voyage dans nos pays
montagneux, on ſe croit tranſporté dans l'âge
des Patriarches ; nous n'adoptons aucun des
vices des étrangers, & ſi nous en avons quel-
qu'un, tous s'empreſſent à nous imiter.

Une nouvelle ſituation de l'Europe peut ren-
verſer l'édifice politique de quelques Etats, dont
l'exiſtence dépend de l'opinion, des convenances
politiques, ou de l'antique principe de ſa balance;
mais toutes les Puiſſances réunies n'ont pu ren-
verſer la gloire de Louis XIV, ni démembrer
ſon Empire à l'époque même de ſa plus grande
foibleſſe : c'eſt qu'il étoit impoſſible à tant d'ennemis d'ébranler l'édifice d'un Gouvernement
Monarchique que la nature maintient, qui trouve
dans lui-même ſes forces & le pouvoir de les
déployer ; tous les ordres de l'Etat étoient ſou-
mis d'ailleurs au père commun, l'amour de la
gloire qui animoit les eſprits, étoit le principe
des grandes actions de ſon règne, & la France
avoit dans ſon ſein tous les moyens d'une grande
& longue réſiſtance.

De nouveaux liens attachent aujourd'hui les
François à un grand Monarque ; l'amour de la
gloire n'est plus le seul mobile de son Conseil,
mais l'amour de ses Sujets. S'il fait la guerre, ce
n'est point pour étendre son Empire, mais pour
augmenter le bonheur de son Peuple : quand la
bienfaisance est dans le cœur des Souverains, les
hommes sont toujours heureux ; les Monarchies
sont établies sur des fondements inébranlables.

F I N.

T A B L E
D E S   M A T I È R E S.

TABLE DES MATIÈRES. 43

Fin de la Table des Matières.

Lu & approuvé, ce 19 Avril 1784, DE SAUVIGNY.

Vu l'Approbation, permis d'imprimer, LE NOIR.

De l'Imprimerie de L. JORRY, Libraire-Imprimeur de MGR. LE DAUPHIN, rue de la Huchette.

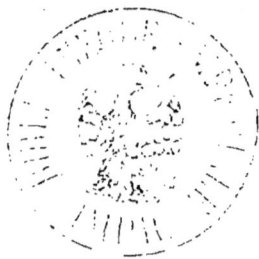

www.ingramcontent.com/pod-product-compliance
Lightning Source LLC
Chambersburg PA
CBHW070015110426
42741CB00034B/1893